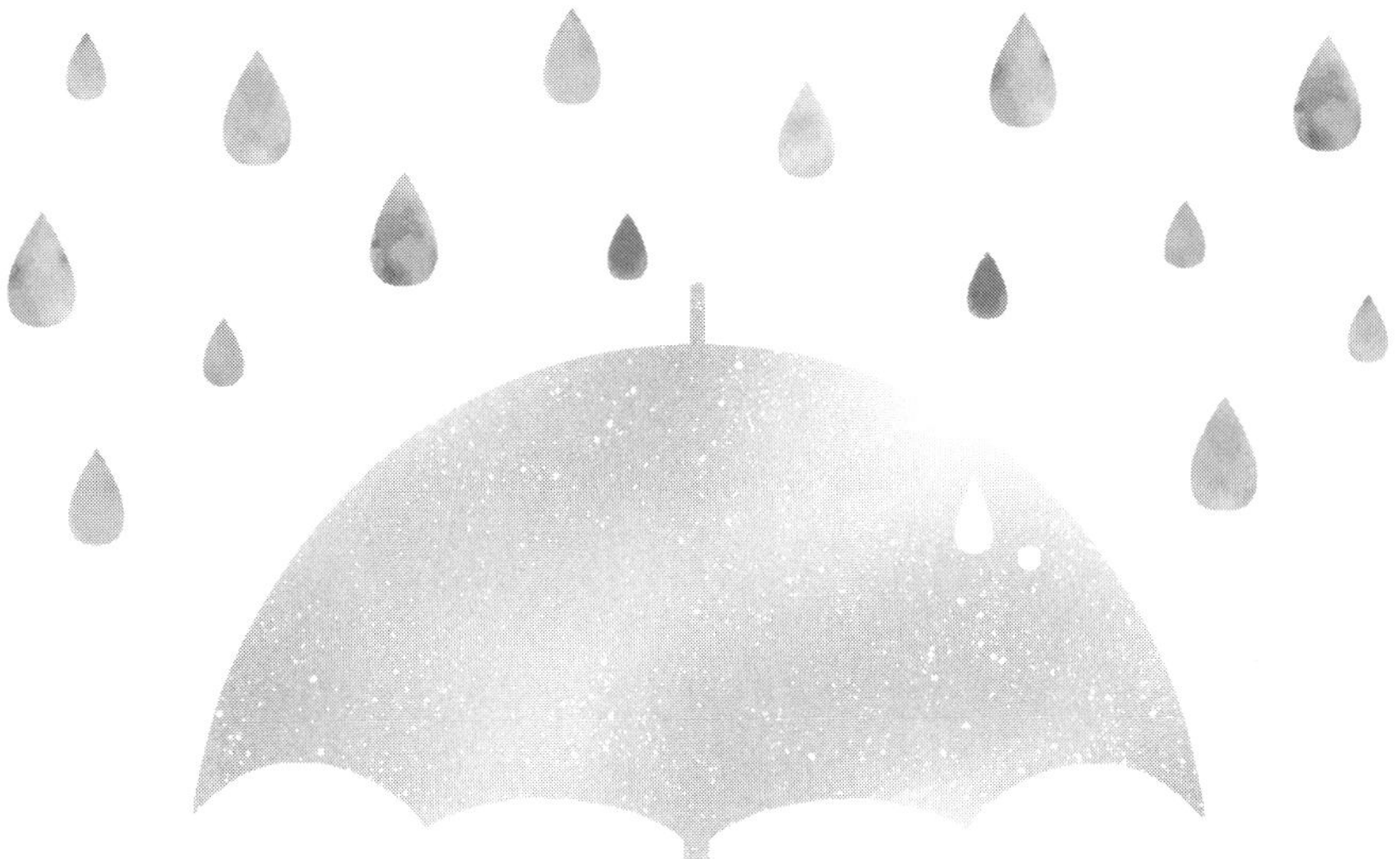

# 挫折と向き合う心理学

## 青年期の挫折を乗り越えるための心の作業とその支援


［監修］
高木秀明

［編］
安藤嘉奈子
小沢一仁
橋本和幸



福村出版

# はじめに

私たちはいろいろなことを経験しながら生きています。楽しいことやうれしいこともたくさん経験すると思いますが、苦しいことや悲しいことも経験することがあります。そのようなとき、私たちはどうにかして苦しみや悲しみから立ち直ろうとし、自分自身のがんばりや工夫によって乗り越えたり、周りの支えによって癒《い》やされたり、時間の経過によって回復したりします。

しかし、青年はまだ経験不足で未熟なため、学校でいじめられて不登校になったり、高校受験や大学受験に失敗したり、就職活動でどこにも採用されなかったりするなどのそれまで経験したことのない大きな挫折《ざせつ》を経験すると、自力ではなかなか立ち直ることができません。そのようなとき、周りからどのような支援が得られるかが重要になります。適切な支援が得られないと、挫折から立ち直ることができず、問題行動や心身の病的状態が生じたり、心に大きな傷が残ったりします。

本書は、子どもから大人への移行期にあり、不安定で揺れやすい青年が、どのような挫折を経験し、その挫折からどのように立ち直るのか、挫折と向き合い取り組むことにはどのような意味があるのか、その際に周りの人はどのように支援することができるのかについて書かれています。挫折して悩んでいる青年にとっても、その青年を支援しようとする親・保護者や教師、関係者にとっても何らかのヒントが得られるように書かれています。挫折に対する読者の理解が深まったり広がったりする点があれば幸いです。

本書は、横浜国立大学における筆者の青年心理学ゼミを出た人たちによって執筆されています。それぞれが大学、教育相談、心理相談、心理臨床、司法の領域で研究者や専門家として活躍しています。

最後になりましたが、本書の出版に当たり大変お世話になりました福村出版の宮下基幸社長、佐藤珠鶴様に感謝申し上げます。

高木秀明

目次

## 第3部　挫折を支える方法

# 第1部
# 挫折の背景にあるもの

# 第1章 挫折を乗り越える鍵

高木秀明

## 1　挫折とは

挫折について、『広辞苑第七版』では「(計画や事業などが) 中途でくじけ折れること。だめになること」[注1]と説明され、『日本国語大辞典第二版』では「意気込んで行なっている仕事や計画などが途中でだめになること。また特に、そのために仕事をする気力を失うこと。頓挫《とんざ》」[注2]と説明されています。これらの説明を参考にして、本書では挫折を「仕事や学業、生活に問題・支障が生じたり、計画や目標がうまくいかずに失敗したりして、気力や意欲を失うこと」と定義します。

親との問題、友達とのトラブル、仲間からのいじめ、失恋、ツイッターやラインでのトラブル、不登校、学習の遅れ、非行・犯罪、災害、障害・疾患など、人生においてはいろいろな問題・支障・失敗を経験します。そのときに、めげたり、落ち込んだり、くよくよしたりしてしまうと、気力や意欲を失い、挫折を経験することになります。こんな気持ちになってはいけない、ダメだという思いがあっても、元気がなくなり、エネルギーが不足して、回復が難しくなります。そして、前向きに取り組んだり、努力を続けたりすることをやめて、諦《あきら》めてしまうと、仕事や学業、生活の水準が低下し、人生の質や人間としての品格が落ちることになります。

それだけでなく、成功した人や勝った人、あるいは関わった人、さらには無関係な人を含めて、他人を羨《うらや》んだり、妬《ねた》んだり、恨《うら》んだりして、自分の気持ちを間違った方向に向けてしまうこともあります。そうなると事態はますます悪化し、抑うつ的な気分やイライラした気分、悲哀の感情や怒りの感情、ものを壊したり人を攻撃したりする行動、自分が誰かにつけ狙われていたり罠《わな》にはめられたりしたという被害的な妄想《もうそう》、妬みや恨みを晴らすための復讐《ふくしゅう》、さらには何もしたくないとか死にたいという気持ちからの現実逃避や自殺企図《きと》、などの病気に似た症状や異常な状態が現れたりすることもあります。

人生における問題・支障・失敗には様々なものがあり、その影響も様々です。また、同じ問題・支障・失敗でもその受け止め方は人によって異なります。挫折経験の有無、身体や心の強さ、能力、性格、支援環境の違いなどによって、適切に受け止めて対応できる人もいれば、適切に受け止められずなかなか立ち直れない人もいます。特に、大人と違って子どもや青年の場合は挫折にうまく対応するのは困難な傾向があります。さらに言うなら、人生の発達《はったつ》段階に応じて挫折の内容には違いがあります。そこで次に、人生の各発達段階においてはどのような挫折がみられるのかを検討します。

## 2　人生の各発達段階における挫折

アメリカの心理学者E・H・エリクソンは、人間が生まれてから死ぬまでを八つの発達段階に分けた心理社会的発達理論を作り、各発達段階の特徴を心理社会的危機（その段階のスタート時点において、本人の能力と社会から期待される行動との間にギャップが存在することによる緊張した状態）などのいくつかの側面によって示しています。[注3]この危機を乗り越えられないと、その段階に特徴的な挫折を経験することがあると考えられます。

アメリカの心理学者ニューマン夫妻は、現代における青年期の延長と寿命の伸長を踏まえて、人間が生まれてから死ぬまでのエリクソンの八つの発達段階を二つ増やして一〇段階に区分し、各発達段階の特徴をエリクソンの記述を基礎にして示しています。[注4]ここではニューマン夫妻の区分に基づいて、各発達段階における心理社会的危機と、その危機を乗り越えられなかったときにどうなるのかについてみていきましょう。なお、各発達段階に該当する年齢として示されているものは大体の目安であり、個人によってずれがあります。

### ●発達段階1　乳児期（生後二四ヶ月）

身体的発達を基盤にし、養育者等の社会的環境や産着《うぶぎ》・ベビーウェア・ベビー玩具・ベビーベッド等の物理的環境との交流をとおして、感覚・知覚・運動機能、感覚運動的知能（情報の処理・組織化・

利用）、コミュニケーション、愛着、情動を発達させることが課題となる段階です。養育者によって愛情のこもった世話をされ、乳児と養育者がお互《たが》いに影響を及ぼし合いながら、「信頼　対　不信」という心理社会的危機に一緒に取り組みます。

この危機を乗り越えられると、養育者や周りの世界、さらには自分への信頼感が形成され、自分は大切な望みを達成することができるという信念（「希望」）をもち続けることができます。しかし、乗り越えられないと、社会的・情緒的に消極的な傾向が作られ、何か事がうまくいかないとすぐに退却してしまいがちになります。

### ●発達段階2　幼児期前期（歩行期）（二〜四歳）

前段階の発達を基礎にして心身ともにさらに発達していき、歩行能力、言葉、空想・想像による遊び、自己統制を発達させることが課題となります。前段階で築いたであろう養育者との間の強い信頼関係を基盤にして、「自律性《じりつせい》　対　恥《はじ》・疑惑《ぎわく》」という心理社会的危機にともに取り組みます。そこでは、兄や姉、年長の子どもなどを模倣《もほう》して、自分でできることを増やし、いくつかの基本的欲求をコントロールし、自己統制の力を身につけていくことが期待されます。しかし、自律性を主張しすぎて自分ではまだできないことをやろうとすると失敗して恥をかいたり、逆に依存《いぞん》しすぎて自分でできることをやらないと注意されて恥をかいたりすることもあります。また、他の子はできるのに自分だけできないと恥ずかしい思いをしたり、自分に疑問や疑惑をもったりすることもあります。

この危機を乗り越えられると、適切な自律性が作られ、自己選択と自己統制を行うための強い「意志力」が形成されます。しかし、乗り越えられないと、何らかの衝動《しょうどう》に突き動かされて、あるいはその衝動を抑えるために、奇妙《きみょう》な反復行為を強迫的に繰り返したりするようになります。

## ●発達段階3　幼児期後期（遊戯期）（四〜六歳）

前の二つの段階を基礎にしてさらに発達が進み、性同一視《せいどういっし》（男の子や女の子としての自覚をもつこと）、基本的道徳性、自己理論（自己概念や自尊《じそん》感情などの自己についての意識）、他の子との遊びを発達させることが課題となります。これまでに獲得《かくとく》した信頼、希望、自律性、意志力を基盤にして、「率先性《そっせんせい》　対　罪悪感《ざいあくかん》」という心理社会的危機に取り組みます。率先性とは子どもの想像性や好奇心を独創的に表現しようとする傾向のことです。新しいものを作ったり、初めて見たものを分解したり、初めての場所を探検したりなど、いろいろな率先性がありますが、これが成功したりほめられたりすると、新しいものや初めてのものへのチャレンジ精神が作られ、いろいろなことへの探究心が養われます。しかし、それが失敗に終わったり叱《しか》られたりすると、率先性は伸びなくなります。伸びなくなるだけでなく、そのことによって誰かに損害を与えたり、迷惑をかけたり、嫌な思いをさせたりした場合には、罪悪感を抱くことになります。罪悪感は、禁止されていることを考えたり空想したりするだけでも抱くことがあります。この率先性と罪悪感の対立を解消するためには、子どもが親の価値判断を取り入れて自分のものとする同一視が役に立ちます。親の価値判断と自分の価値判断が同じであれば、どのような場合に率先性を発揮すれば大丈夫であるかがわかり、後で罪悪感を抱くことになるのがわからないまま行ってしまう、ということが少なくなります。

この危機を乗り越えられると、率先性を適切に発揮することができるようになり、価値のある目標を設定して追求する「目的性」の力をもつことができます。しかし、乗り越えられないと、自由な思考・表現・活動を妨《さまた》げる心理的制止が働くようになります。

### ●発達段階４　児童期（学童期）（六〜一二歳）

これまでの三つの段階を基礎にしてさらに発達が進み、友情、具体的操作（具体的な対象についての論理的思考）、技能学習、自己評価、チームプレイを発達させることが課題となります。これまでに獲得した信頼、希望、自律性、意志力、率先性、目的性を基盤にして、「勤勉性《きんべんせい》　対　劣等感《れっとうかん》」という心理社会的危機に取り組みます。小学校や家庭や地域クラブなどにおいて、決められた日課の中で学習や手伝いや練習を繰り返すことができれば、勤勉性が作られていきます。一方で、決められた日課を実行することができなかったり、宿題をやらなかったり、正当な理由がなくて遅刻や欠席を繰り返したりすると、勤勉性は形成されず、劣等感をもつようになります。

この危機を乗り越えられると、課題を達成するために技能や知的能力を自由自在に使えるようになる「有能性」を獲得します。しかし、乗り越えられないと、行動や思考が麻痺《まひ》して生産的活動が妨げられる怠惰《たいだ》な状態になります。

### ●発達段階５　青年期前期（一二〜一八歳）

これまでの四つの段階を基礎にしてさらに発達が進み、身体的成熟、形式的操作（抽象《ちゅうしょう》的な対象についての論理的思考)、複雑な情動、仲間集団への所属、恋愛関係を発達させることが課題となります。これまでに獲得した信頼、希望、自律性、意志力、率先性、目的性、勤勉性、有能性を基盤にして、「集団アイデンティティ　対　疎外《そがい》」という心理社会的危機に取り組みます。集団アイデンティティとは、自分がある集団のメンバーとなって深い関わりをもち、その集団との強い心理的な絆《きずな》を感じるようになることを言います。集団アイデンティティが確立されると、自分の仲間や自分のクラスという意識が強くなります。仲間やクラスの影響を強く受け、また自分が貢献《こうけん》するために自己犠牲的な行動をとることができるようになります。そして、社会的な人間関係における友情、信頼、約束、責任を経験し、身につけていきます。中学や高校での友達や仲間が重要な存在となり、そのつながりの中で自分の居場所を見つけることができ、同一視の対象となる仲間やグループができると、集団アイデンティティをもつことができます。一方で、そのような友達や仲間を作ることができなかったり、あるいは友達や仲間との関係が壊れたりしてしまい、どこにもつながることができないと、疎外の状態に陥《おちい》ってしまいます。

この危機を乗り越えられると、「他者に対する信義」を守ることができるようになります。しかし、乗り越えられないと、他者とつながることのできない断絶した状態になります。

### ●発達段階6　青年期後期（一八~二四歳）

これまでの五つの段階を基礎にしてさらに発達が進み、親からの自立、ジェンダー・アイデンティティ（社会生活において男性または女性としての自分の信念・態度・価値観をもっていること)、内在化した（自分のものとなっている）道徳性、キャリア選択を発達させることが課題となります。これまでに獲得した信頼、希望、自律性、意志力、率先性、目的性、勤勉性、有能性、集団アイデンティティ、他者に対する信義を基盤にして、「個人的アイデンティティ　対　アイデンティティ混乱」という心理社会的危機に取り組みます。個人的アイデンティティとは、生まれてから作られてきた様々な自分の中で一貫性と連続性を感じて自分を代表する重要な一面であると認め、社会からも承認されていると感じられる中核的な自分であり、自己の存在に意義を与え、自分の進むべき方向を明らかにしてくれるものです。個人的アイデンティティを確立することにより、自分なりの考え方や価値観、生き方、人生観、人生目標をもつことができるようになり、自己の責任で判断し、決定することができるようになります。第２章以降で述べられるアイデンティティは、この個人的アイデンティティや前段階で説明した集団アイデンティティを意味しています。大学や専門学校、職場等での活動の中で様々な役割を経験して自己理解を深め、自分の中の多様な側面を整理し、統合することによって、個人的アイデンティティは作られていきます。一方で、自分の本当にやりたいものが見つからなかったり、親の期待と自分の希望とが対立したり、恋愛関係や友人関係で挫折したりすると、個人的アイデンティティの形成がうまくいかず、アイデンティティ混乱の状態になってしまいます。

この危機を乗り越えられると、「価値への忠誠《ちゅうせい》」を誓《ちか》い、守り続ける力をもつようになります。しかし、乗り越えられないと、自分とは異なる価値や役割を認めなくなります。

●発達段階7　成人期前期（二四〜三四歳）

これまでの六つの段階を基礎にしてさらに発達が進み、親密な関係の模索《もさく》、出産、仕事、ライフスタイルが発達課題となります。これまでに獲得した信頼、希望、自律性、意志力、率先性、目的性、勤勉性、有能性、集団アイデンティティ、他者に対する信義、個人的アイデンティティ、価値への忠誠を基盤にして、「親密性《しんみつせい》　対　孤立《こりつ》」という心理社会的危機に取り組みます。前段階で個人的アイデンティティを確立していると、自立した個人として自分の言動に責任をもって他人と関わることができます。関わる相手の個人的アイデンティティも確立していれば、互いに自立した人間として対等で充実した関係を作ることができます。そのことが、伴侶《はんりょ》を見つけるうえでも、あるいは職場の人間関係を作るうえでも有効に働き、豊かな親密性を築くことになります。しかし、個人的アイデンティティが混乱している場合には、相手を支配したり、相手に依存したりしてしまい、対等で適切な親密性が築けなくなります。誰とも親密な関係を作ることができなければ、孤立状態に陥ります。

この危機を乗り越えられると、かたよった依存ではない相互性のある「愛」を結ぶことができるようになります。しかし、乗り越えられないと、排他的な人間になります。

●発達段階8　成人期中期（三四〜六〇歳）

これまでの七つの段階を基礎にしてさらに発達が進み、キャリアの管理、親密な関係の促進、子育てと老親の介護、所帯の管理が発達課題となります。これまでに獲得した信頼、希望、自律性、意志力、率先性、目的性、勤勉性、有能性、集団アイデンティティ、他者に対する信義、個人的アイデンティティ、価値への忠誠、親密性、愛を基盤にして、「生殖性《せいしょくせい》　対　停滞《ていたい》」という心理社会的危機に取り組みます。生殖性とは、子どもを生み育てて自分の家庭を存続させるということだけでなく、職場や学校、社会において部下や後輩、学生・生徒、子どもや若者を教育・指導して、次代の後継者を育てるということも意味しています。そのためには社会と連携し、高度情報化やＩＴ化の進展等の時代の変化に応じて創造性を発揮することが必要になります。一方で、このような家庭や社会における後継者作りに参加せず、時代の変化や進展に応じて自分が変化・成長することを拒《こば》むと、時代に取り残され停滞することになります。

この危機を乗り越えられると、生まれたものの「世話」をする力が身につきます。しかし、乗り越えられないと、自分以外のものを生み育てることを拒むようになります。

### ●発達段階９　成人期後期（六〇～七五歳）

これまでの八つの段階を基礎にしてさらに発達が進み、人生の受容、知的応用能力の伸長、新たな役割への方向転換、死生観の形成が発達課題となります。これまでに獲得した信頼、希望、自律性、意志力、率先性、目的性、勤勉性、有能性、集団アイデンティティ、他者に対する信義、個人的アイデンティティ、価値への忠誠、親密性、愛、生殖性、世話を基盤にして、「誠実性　対　絶望」という心理社会的危機に取り組みます。自分の人生の意味や意義について考えるために、自分自身を内省し、自分の人生の出来事を振り返り、様々な危機をどのように乗り越えてきたかを省察し、事実を受け容れたときに、価値のある人生であったと評価することができれば、誠実に生きてきたと思うことができます。一方で、自分の人生を振り返ったときに後悔することが多く、あそこが違っていたらとか、ここが違っていたらと思うばかりで、事実を受け容れることができない場合には、人生に絶望することになります。

この危機を乗り越えられると、死に直面していても人生そのものに純粋で積極的な関心を寄せられるような「英知」をもつことができます。しかし、乗り越えられないと、人の弱さやもろさを軽蔑《けいべつ》するようになります。

### ●発達段階10 高齢期（七五歳〜）

これまでの九つの段階を基礎にしてさらに発達が進み、老化による身体的変化への対応、心理歴史的視点の形成、高齢者としての生活の組み立てという未踏の領域への進入が発達課題となります。これまでに獲得した信頼、希望、自律性、意志力、率先性、目的性、勤勉性、有能性、集団アイデンティティ、他者に対する信義、個人的アイデンティティ、価値への忠誠、親密性、愛、生殖性、世話、誠実性、英知を基盤にして、「不滅性《ふめつせい》　対　消滅《しょうめつ》」という心理社会的危機に取り組みます。家族や社会からのサポートを得て高齢になり死と向き合ったときに、死の先に永遠の時間が存在し、死を超えて命がその永遠とつながっていると感じると、自己の不滅性を信じることができます。一方で、永遠とのつながりが感じられなければ、死によって命は消滅し、無に帰することになります。

この危機を乗り越えられると、自分を信じ、自分の能力を認め、人生の意味を確信することができます。自分の判断、見方、世間との関わり方などが正しいという「自信」がもてます。しかし、乗り越えられないと、自己喪失感に襲われ、誰かに頼らないと日常生活での判断が難しくなり、何かの企画や活動に加わる自信をもてず、自分一人では身の回りのことができないという不安をもつようになります。

以上のように、各発達段階の心理社会的危機を乗り越えられないと、それぞれに特徴的な挫折を経験する恐れがあることがわかります。

## 3　挫折と変容

挫折には様々なものがあり、挫折を経験しないで一生を終わるということはありえないと言っても過言ではないでしょう。仕事や学業、生活をしないということはできず、仕事や学業、生活をしていれば、何らかの問題・支障が生じて挫折することはありうることです。また、計画や目標をもたず、チャレンジしない人生には生きがいを感じることができず、生きる意味がなくなります。生きがいを感じることのできる、意味のある人生においては、チャレンジが失敗して挫折することがあるのは事実です。

では、挫折したときにはどうすればよいのでしょうか。挫折して意欲や気力が減退しても、自分自身でがんばって意欲や気力を回復することができれば、あるいは、他者の共感や同情、慰《なぐさ》め、励ましによって支えられて、元気とエネルギーを取り戻すことができれば、再び努力することが可能になります。

自分自身で回復するためには次のようなことが考えられます。

・めげたり、落ち込んだり、くよくよしたりしたときには、気分転換をする。
・元気がなくなり、エネルギーが不足した場合は、睡眠をとって疲労を回復させ、おいしいものを食べたり、好きなことをしたりして、エネルギーを補充する。
・問題・支障・失敗に対しては、視点を変えて、ポジティブに意味づけられるところや役に立つところを探す。
・ひとまず目標のレベルを少し下げたり、別の目標に転換したりして、成功体験を味わう。

他者の支援によって回復するためには次のようなことが考えられます。

・挫折したときに自分の殻《から》に閉じこもるのではなく、信頼できる人を頼りにして、自分の挫折について聞いてもらったり、相談に乗ってもらったりする。
・そのためには、自分の見栄やプライドが邪魔をしないように、ふだんから自分をオープンにする練習をする。
・自分の弱みや欠点を安心して話すことのできる、信頼の置ける人を作るように努力する。
・そのような人がいない場合には、相談機関を探して相談する。

第18章では支援の窓口が説明されていますが、自分の住んでいるところにどのような相談機関があるかについては、都道府県庁や市区町村役所・役場の窓口に問い合わせてみるとよいでしょう。

挫折は経験したくないものですが、挫折をとおして学び、成長することもあります。そして、挫折したときには、努力を続けることができるか否かが大きな分かれ目になります。努力を続けることができれば、いつか事態が動きはじめたり、自分自身に変容が現れはじめたりします。挫折を乗り越える鍵《かぎ》は努力を続けることです。

---

注1　新村出（編）（二〇一八）広辞苑 第七版　岩波書店

注2　日本国語大辞典第二版編集委員会・小学館国語辞典編集部（編）（二〇〇一）日本国語大辞典 第二版 第六巻　小学館

注3　E・H・エリクソン、J・M・エリクソン（著）村瀬孝雄・近藤邦夫（訳）（二〇〇一）ライフサイクル、その完結〈増補版〉　みすず書房

注4　Newman, B. M. & Newman, P. R. (2018) *Development through life: A psychosocial approach (13th ed.)*. Boston, MA: Cengage Learning.

# 第2章　青年期の発達的変化と危機

●小沢一仁

## 1　青年期＝子どもから大人への過渡期

青年期は一般的に、「若さ」「青春」という言葉で言われるように、生涯の中でも輝いている時期とみられます。それと同時に、青年期を危機であるとみる見方があります。この見方を「青年期危機説」といいます。子どもと大人の間にあたる青年期を、なぜ危機とみるかというと、様々な変化が起こるからです。本章では、青年期に起こる様々な変化とそこから生じる危機と成長について考えていきましょう。そして、危機から派生した様々な挫折と変容を考える第2部へのプロローグとします。

## 2　身体的変化と危機

青年期のスタートは、身体の変化です。身体が子どもではなくなり、大人になっていく「二次性《にじせい》徴《ちょう》」と生殖能力の出現で、子ども時代に別れを告げます。この青年期のはじめの身体的変化の時期を「思春期」とよぶことがあります。性徴とは、男女の性的特徴を指し、一次《いちじ》性徴とは、誕生時の生殖器官における性別の違いを指します。二次性徴とは、思春期において、生殖器官以外の身体に現れる変化を指し、具体的には、男子では声変わり、ひげが生える、肩幅が広くなる、筋肉がつくなど、女子では乳房《ちぶさ》が大きくなる、骨盤《こつばん》・臀部《でんぶ》が大きくなる、皮下脂肪が増大しふっくらするなどがあげられます。生殖能力の出現とは、男子の射精や女子の月経が始まることを指します。

身体の変化における危機として、女子では月経にともなう身体的苦痛から、自分が女性に生まれたことについて受け入れられない思いが生じることがあります。そして、理解のない周囲の人たちから月経について嘲笑されたり、からかわれたりするなどのハラスメントの問題もあります。また、身体の性と心の性が異なる性同一性障害では、自分自身がどのような性を生きるのかについて葛藤《かっとう》が生じる場合もあります。さらには、生殖器官の発達が典型とは異なり、かつては半陰陽といわれ、現在ではインターセックスや性分化疾患《せいぶんかしっかん》といわれる場合では、男性や女性の身体についての固定観念に悩まされることがあります。これらの性に関わる問題に関して、家庭、学校、社会における考え方の見直しおよび教育、啓蒙《けいもう》が課題になっています。

加えて性に関わる危機として、早すぎる性的交渉による妊娠と出産・中絶の問題、そして、感染症と治療の問題があります。さらに、性に関わる犯罪の加害者や共犯者となってしまったり、逆に被害者になってしまったりする問題もあります。

このような危機をともないますが、性自体は生命の誕生の元であり、人類の子孫の繁栄《はんえい》の元となるものです。そして、青年自身が、身体的変化にともない、自分がどのような大人の男性や女性として生きていくかという課題、また、困難さはともないますがトランスジェンダーやノンバイナリー（男女に分類されない性別認識）としていかに生きるかという課題に取り組むことで成長へとつなげていくことができるといえるでしょう。現代社会では、「男はこうでなければならない」「女はこうあるべきだ」というステレオタイプは崩《くず》れてきています。個人がどのような性を生きるかにおいて、様々な見方をもつことができつつあります。そして、社会の側でも、様々な性についての見方を許容し、共生していくことが問われているといえるでしょう。

## 3　心理的変化と危機

子ども時代は、自分が思っていることと、みんなが思っていることは、同じであると捉えています。つまり、自分が思っていることは、みんなも思っていることと考えています。青年期になると、自分の心の世界は他の人とは異なる独自なものであることに気づくようになります。このことをシュプランガーは、「自我《じが》の発見」とよびました。[注1]

心理的変化における危機とは、まず、孤独《こどく》の世界に閉じこもってしまうことがあげられます。例えば、自分の心の世界は誰とも異なり、自分の思いは自分だけのものであることから、誰も自分の気持ちはわかってくれないと思ってしまう危機があります。また、自分の判断が未熟で誤っていても、他者のアドバイスを受け入れず独善《どくぜん》的になってしまう危険もあります。「自分で決める」「自分が決めたから」というのは若者の決まり文句《もんく》のようになっています。例えば、進路選択において、高校や大学などを些細《ささい》なことでやめたいと思い、後のことは考えず退学すると、「自分が決めたから、これでいい」と、本当にそれでよかったのかを振り返りも確かめもしない場合もみられます。

最終的には、自分の人生なので自分で選択し、自分で決めなければならないのは確かです。しかし、自分だけの心の世界を自覚し、自分の人生を尊重するために、自分の選択や決断をする前に、他者のアドバイスを聞き、自分にとっての最善の選択を考えていくことが成長につながるきっかけになるといえるでしょう。また、人生には失敗もつきものですのでおおらかな気持ちをもちつつ、自分の思考や判断を常に磨いていくことも大切です。

## 4　人間関係の変化と危機

### ●生涯にわたる重要な他者の移行

エリクソンは「生涯にわたる心理社会的発達段階」という見方の中で「重要な他者の範囲の変化」を提示しました。[注2] 青年期においては、大きく見れば、親（養育者）→友人→異性（恋人・配偶者・パートナー）へと、大切な他者が移行するといえます。誕生時から子ども時代は、親（養育者）なしでは生きていけません。そして、小学校高学年から中学生になるにつれて、親にいえない秘密ができ、重要な他者が友人へと移行していきます。また、恋愛に思いをはせるようになっていきます。次に、このような親から友人へ、そして異性（恋愛対象）へという重要な他者の移り変わりにおける、それぞれの危機を考えていきましょう。

### ●「親への反抗」という危機

親からの自立の過程における危機とは、親への反抗です。まず、どんな親への反抗の仕方があるかをみていきましょう。[注3] 大きく分けると、親に向かう反抗と親から離れる反抗に二分されます。そして、親に向かう反抗には、第一に「親への口答え」があります。「うるさい!」「バカヤロー」など様々な暴言が親に向かって発せられることがあります。第二に、家の中の様々な「物に当たる」ことがあります。クッションをたたくなどのかわいいものから、壁を殴るなど、ありとあらゆるものが壊される場合もあります。第三に、親への「暴力」があります。

次に、親から離れる反抗には、帰宅しても「ただいま」も言わずに黙って家に入り、食事中に「学校はどうなの?」と聞かれても「まあまあ」と言い、話もしないというような、「無視」が第一にあります。第二に、帰宅しても部屋に直行し、食事も一緒にせず夜中に冷蔵庫をあさるといった「部屋にこもる」行動があります。第三に、親に会いたくなくて「家出や夜遊び」をするなどの外出があります。

では、親への反抗における親の見方の変化から、親からの自立に向かう成長について考えてみます。子どもの頃、反抗以前は、親に依存または親を尊敬して、親を見上げていました。反抗が生じると、親を見下げるようになり、親を「一人の人間」としてみるようになります。つまり、親はただの中年期にさしかかったおじさんやおばさんとなります。すると、一人の人間ですから、誰しも長所もあれば欠点もあります。その中の欠点を突いて、親を攻撃するようになります。しかし、親を否定し非難する反抗をいくらしても自立につながることは難しいでしょう。社会の中で大人として生きていくという自立に向かうには、親に向けていた厳しい目を自分にも向け、子ども時代の何にでもなれるという万能感《ばんのうかん》を現実と照らし合わせて、自分自身も一人の人間と見ることがはじめの一歩となるといえるでしょう。つまり、親を一人の人間として捉え、その親の影響を受けて育った、一人の人間である自分が、社会の中で大人としてどう生きるかという課題に立ち向かうことが成長に向かう自立への歩みとなります。

## ●友人関係における「同調圧力」という危機

青年期において友人関係は、親から離れつつある中での居場所となります。その中で、友人たちの間で同じであることへの圧力（同調圧力）がかかることがあり、このことが友人関係における危機となります。例えば、友達同士で、持ち物も、髪型も、ファッションも、さらには、万引きや喫煙などの非行も一緒にしようと求め、求められる場合があります。また、同じでなければ、仲間はずれやいじめの攻撃の対象となる場合もあります。

なぜ同調圧力が生じるのかを考えるために、友人関係における成長についてみていきましょう。小学校の低学年の頃は家が近いとか席が隣ということで友達ができます。小学校の中学年くらいになると気の合う友達ができていきます。そして、中学生や高校生ともなると自分と似た興味関心や趣味をもつ友達を選ぶようになります。つまり、友人選択の理由が、「物理的な近さ」から「心理的な近さ」に移行していくのです。ここに、先に述べた同調圧力が生じる背景があります。心理的変化で示したように、自我を発見し、自分の中に独自な心の世界があることを発見すると、仲のいい友達とも異なる世界を自分がもっていることに気づいていきます。そして、自分だけの心の世界と仲間との世界の間で、どちらの世界で生きるのかという葛藤が生じることもあります。しかし、大抵は孤独に耐えることができず、周囲の意見に流されてしまうと考えられます。そのとき、仲間と関係をもちつつ自立していく足がかりは、どこにあるのでしょうか。もしも、自分とは異なる人間であることを前提として、友人との間で同じ思いを共有し、共感することができれば、自分だけの世界をもちつつも友人という他者とつながることができます。この共感を、精神分析家で精神科医のサリヴァンは「コンセンシュアル・ヴァリデイション（共人間的有効妥当性確認《きょうにんげんてきゆうこうだとうせいかくにん》または合意された確認）」とよびました。[注4]こうして、自分と違った人間とも共感でつながり、自分とは異なる個性の魅力《みりょく》が友人を選択する理由になる段階へと進んでいきます。

## ●恋愛関係における「親密さの問題」という危機

エリクソンは、青年期にアイデンティティ拡散《かくさん》に陥ると、「親密さの問題」が生じると述べました。さらに、アイデンティティ拡散の状態で、「恋に陥ることは、鏡に映った自己像に惚《ほ》れ込み、やがて自分自身を傷つけてその鏡をこわしてしまうことを意味する」と述べています。[注2]これは、危機に瀕《ひん》したアイデンティティを立て直そうとする絶望的な試みです。心理学者の大野久《おおのひさし》はこのような恋愛を「アイデンティティのための恋愛」と名づけました。[注5]自分自身の不安定さゆえに、恋愛対象にすがりついてしまう、一時的で自己中心的な恋愛といえるでしょう。

このような危機をはらみながらも、恋愛における出会いは、生きるうえでの支えになったり、結婚に結びついたり、生きることについての学びをもたらしたりして、多くの小説やドラマ、映画などのテーマになっています。エリクソンは、生涯にわたる心理社会的発達段階の中で、青年期の後に来る初期成人期の心理社会的危機を乗り越えることにより、愛する力を得、その後、中年期の危機を乗り越えることにより、世話（ケア）する力を得ると述べました。注2 異性に対して心を寄せたり、離れたりする中で、私たちは他者を愛するとはどういうことかを学んでいくといえます。幼稚園、保育園という就学以前からも誰々が好きというままごとのような恋愛はありますが、成長していく中で、自己中心的な愛から、成熟した愛へと歩んでいくのであり、青年期はその過程にあるといえるでしょう。

## 5　社会的変化と危機

小学校の六年間と中学校の三年間は、義務教育期間です。親（養育者）は、子どもに教育を受けさせる義務があり、子どもは教育を受ける権利があります。中学校を卒業すると、ほとんどの中学生は高校へ進学します。高校を卒業した生徒の約六分の一が社会に出ていき、約四分の三が大学・短大・専門学校等へ進学します。中学生を、そして、高校生をずっとやっていたいと思っても、留年などの特別な場合を除けば、決められた年数が経てば次の段階へと進まざるをえませんし、最終的には学校を出て社会に出て行かざるをえません。

エリクソンは、子どもから大人になる前に社会的な義務や責任を猶予《ゆうよ》される期間のことを「心理社会的猶予期間（モラトリアム）」と名づけました。[注2] 本来ならば高校や大学は、大人として社会に出るための準備をする場ですが、エリクソンはアイデンティティ拡散に陥ると、勉強などの課題に集中できなくなったり、逆に趣味などに過剰に熱中してしまうという「勤勉さの拡散」が生じると述べました。[注2] また、フロイト派の精神分析家で精神科医の小此木啓吾《おこのぎけいご》は、モラトリアムにおいて、社会に出る準備をせず、自己決定や自己選択を回避して、暫定《ざんてい》的な自分のあり方を享受《きょうじゅ》し続ける青年のことを「モラトリアム人間」とよびました。[注6] 中には、経済的な必要があり、学費を稼《かせ》ぐためにがんばっている場合もありますが、小遣い稼ぎのために、将来のことなど考えずアルバイトに専念して勉強を疎《おろそ》かにしてしまい、教養や専門的な知識・技術を学ぶべき時間を無駄にしてしまっている場合もあります。アルバイトが社会経験の場であることは否定できませんが、必要以上に打ち込んでしまう危険があり、青年の社会に出る準備の期間をいかに守るかが、青年自身においても、社会の側においても課題としてあげられます。

また、エリクソンは、青年は社会的な遊びや自由な役割実験をとおして社会の中で自分の居場所を探すと述べました。[注2] 学校でも、目標を見つけるようにという指導がなされることがあります。そんな中で「自分のめざすもの、やりたいこと」が明確になっていく人もいるでしょう。しかし、まったくわからないという人もいるでしょう。自分のやりたいことがわからない場合、目標を見つけてがんばれと言われても、困ってしまうだけです。『新13歳のハローワーク』を著した作家の村上龍《むらかみりゅう》[注7]は、対談の中で、人生を賭《か》けるような仕事は、探して見つかるようなものではない、出会うものだ、と興味深い言い方をしています。つまり、人との出会いと同様に、自分の目標ややりたいことも、ある時期にある場所で出会う可能性があるということです。とすると、まだ見つからない場合は、まだ出会えぬ人を待つように、まだ出会えぬ目標を待ちつつ、将来出会った際に十分に成長した自分であることをめざすことが生き方の一つとしてあげられます。趣味や遊び、適度なアルバイトも経験の一つとなるでしょう。また、学校で目の前の勉強、課題、活動に打ち込むことも、一つの生き方であるといえます。心理学者のコテは、「自分とは誰かについて人が打ち込んだ（投資した）もの」を「アイデンティティキャピタル（資本）」とよびました。[注8]その中で、「有形の資源」には、学歴、メンバーシップとネットワーク、職場スキルが含まれ、「無形の資源」には、自己効力感や自尊感情、目的意識、自己衝動のコントロールが含まれます。[注9]そして、心理学者のジェイは、時間をかけて身につける「自分の価値を高める経験やスキル」であるアイデンティティキャピタルを、アイデンティティ危機における自分探しと同時に、青年期の間で蓄積することが大切だと述べています。[注10]社会の中で自分の仕事や目標に出会った人は、出会う前に学んできた回り道に思えることもまったく無駄ではなかったと語ることがあります。どんなことでも深く学んだことは、まったく違う領域でも活かすことができる可能性があります。これは生徒や学生を勉強させようという都合のいいお説教に聞こえるかもしれませんが、自分の仕事や目標に出会った人にとっては、うなずけることだといえます。

## 6　変化と危機から挫折と変容へ

本章のはじめで、青年期とは生涯の中で輝いている時期とみられる反面、危機に陥る時期でもあると述べました。本章を振り返ると、心も、身体も、そして人間関係も、置かれた状況も、変化し、様々な危機を迎える青年期とは、なんと大変で困難な時期でしょうか。一人の子どもから一人の大人になることは、いかに大変で困難なことでしょうか。第2部では、本章でみた青年期の変化と危機がもつ特徴から生じる、様々な領域における挫折と変容をみていきます。その中で、子どもから大人への歩みを青年自身がめざし、その青年を親、教員などの支援者が理解し見守り、必要に応じてサポートするためのヒントが得られることを願っています。

---

注1　E・シュプランガー（著）原田茂（訳）（一九七三）青年の心理　協同出版
注2　E・H・エリクソン（著）西平直・中島由恵（訳）（二〇一一）アイデンティティとライフサイクル　誠信書房
注3　小沢一仁（著）（一九九八）親への反抗　落合良行（編著）中学二年生の心理――自分との出会い　大日本図書
注4　H・S・サリヴァン（著）中井久夫・山口隆（訳）（一九七六）現代精神医学の概念　みすず書房
注5　大野久（編著）（二〇一〇）エピソードでつかむ青年心理学　ミネルヴァ書房
注6　小此木啓吾（著）（一九八六）現代人の心理構造　日本放送出版協会
注7　村上龍（著）（二〇一〇）新13歳のハローワーク　幻冬舎
注8　Côté, J. E. (1996) Sociological perspectiveson identity formation: The culture-identity link and identity capital. *Journalof Adolescence*, 19, 417-428.
注9　ジェームズ・コテ（著）松下佳代・溝上慎一（訳）（二〇一四）アイデンティティ資本モデル――後期近代への機能的適応　溝上慎一・松下佳代（編）高校・大学から仕事へのトランジション――変容する能力・アイデンティティと教育　ナカニシヤ出版
注10　M・ジェイ（著）小西敦子（訳）（二〇一六）人生は20代で決まる――仕事・恋愛・将来設計　ハヤカワ・ノンフィクション文庫

# 第2部
# 挫折の要因

# 第3章 親子関係における挫折と変容

●小川 基

## 1 親子という特殊な人間関係

挫折を取り上げる前に、まず「親子関係」について考えてみたいと思います。親子関係には、血縁関係にある実親子と、血縁関係にはないが法律上親子と認められる養親子があります。いずれにしても、親と子という間柄《あいだがら》は、育てる／育てられる、という保護‐依存の関係を前提としてもっています。その点で、友人関係や恋愛関係といった対等な関係とは異なるでしょう。さらに、日本社会において親子間の結びつきは非常に強いものとして扱われています。夫婦関係が解消されるという「離婚話」が珍しいものではなくなった昨今《さっこん》でも、親子が縁を切るという話を聞けば、多くの人が驚くのではないでしょうか。私たちにとって親子関係は、文字どおり「切っても切れない」性質を特別に強くもっているようです。

親子関係のもう一つの特徴は、その歴史性です。実親子であれば、親と子の関係は、生まれたときから、さらに言えば、母の胎内にいるときから始まっています。つまり、親子関係とは人が最初に体験する人間関係であり、他の関係に比べて、非常に長いプロセスをもつのです。赤ん坊、幼児、学生、社会人と、成長や変化の活発な時期を親子はともに過ごすことになります。ここで重要になるのは、その成長過程の中で、親子関係の内容もまたその段階に応じて変化していくということです。その過程を非常に大まかに説明するならば、「依存から自立へと移り変わっていくプロセス」と言えるでしょう。生まれたばかりの絶対的な保護－依存関係は、子どもの成長とともに、より分離／自立した関係性へと変化していきます。親子関係は、信頼や愛情による結びつきを土台にして、発達段階に見合ったほどよい関係性へと移行していく柔軟性が求められるのです。このように改めて言葉にしてみると、親子関係は、他の関係に比べて、より難度の高いものであることがわかるでしょう。それゆえ、そこには葛藤や危機が付きものです。実際に、親子間での悲劇的なニュースは少なくありませんし、それが世間の注目を集めるのも、それだけ親子関係というものが人々にとって身近な関心事であるからなのでしょう。

親子関係における体験は、子どものその後の人間関係に向かう姿勢の原型を作ると言われています。つまり、親子関係での経験を別の人間関係でも繰《く》り返すことが多いのです。だからこそ、親子関係の問題とその解決について考えることは重要なことと言えるでしょう。

## 2 「自分を探すこと」と「親から離れること」——ある大学生（男性）の事例

青年期後期は、主に個人的アイデンティティの確立を課題とする時期です（第1章参照）。これからみていくある大学生（男性）の挫折と葛藤のプロセスは、青年の成長と親子関係がどのように影響し合うのかについて、いくつかの示唆《しさ》を与えてくれます。

＊＊＊

大学生の将太《しょうた》は休学と復学を繰り返していました。大学に必死で行こうとはするものの、授業を受けているとどうしても人の目が気になって怖くなり、家から出られなくなってしまうのです。将太はさらに学校に通えないでいる自分を責め、「大学生をちゃんとできない自分は死んだほうがいい」と思うほどに、自らを追い詰めていくのでした。

そんな将太は、高校時代まで熱心な勉強家でした。将太は何かに取り憑《つ》かれたように毎日勉強だけに打ち込み、優秀な高校・大学へと進学していきました。将太にとって、「勉強ができる自分」こそが何より誇れるものでした。だからこそ、大学に通えないことは将太にとって、誇れる自分を失うことをも意味していました。それまでエリート街道を進んできた将太は、「大学を卒業して一流企業のエリートサラリーマンになる」という将来の目標とは裏腹に、留年し、卒業が遅れ、思い描いていた人生プランからみるみる外れていく自分の現実にひどくおびえていました。それまでの自分が音を立てて崩れていく、あるいは死んでいくようにさえ、将太は感じました。

将太は母親に全幅《ぜんぷく》の信頼を寄せていたので、苦悩のすべてを母親に吐き出し、ときには、母親の目の前で家の中の物を破壊したり、自分の手首を切ったりしました。また、一日中リビングのソファに横になり、薬を飲むための一杯の水さえ母親に運んでもらっていました。それでも母親は、「このままで大丈夫」「無理しなくていい」と将太に献身的に関わり続けていました。将太は母親に安心していた反面、父親には不信感を強くもっており、同じく父親に不満をもつ母親と一緒に、父親についての愚痴《ぐち》を話し合うことも少なくありませんでした。

家での「ソファ暮らし」の一方で、将太はエリート街道に戻ろうと、自分を奮い立たせ、復学に挑戦し続けました。しかし、その度に大学に通えない自分に直面してしまいます。そのため、将太は自分が繰り返している挫折について考えるようになりました。週に一回カウンセリングに通い、「自分は何がしたいのだろうか」という問いに目を向けはじめました。すると将太は、今まで自分が「どうしたいか」ではなく、「どうすべきか」ということばかりを規準に生きてきたことに気づきました。

将太には実は、「勉強家としての自分」とは別に、「バンドマンとしての自分」がありました。高校生のとき、将太が初めて勉強よりも優先して取り組んだのがバンドでした。勉強が「すべきこと」だったのに対し、音楽は「したいこと」に近かったという実感に至り、将太は音楽仲間に声をかけ、バンド活動を再開しました。生活に活気と充実感が生まれ、自分の曲を作り、メンバーと演奏し、他者に自分が認められることに手応《てごた》えを感じました。そこには、復学のために必死だった生活にはなかった「生きやすさ」がありました。将太はその後、大学を辞めることを決意し、音楽関係のアルバイトをしながら、しばらく音楽をがんばってみることにしました。その決断は、「こうあるべき」と信じてきた社会の王道から外れる選択でもあります。将太は恐怖にも近い不安を感じ、また、大学を辞めるのは現実からの逃避ではないかという自問自答の中で、最終的には「自分らしい生き方」という規準でそれを選択しました。

この変化の過程の背景では、母親との関係性の変化も起こっていました。母親は実家との深刻なトラブルによって余裕を失い、それまでの「なんでも許してくれる母親」ではなくなっていたのです。疲弊《ひへい》した母親を見て将太は、自分自身も母親に負担をかけているのだという罪悪感に直面しました。それは今まで薄々気づいていながら、目をそむけてきた感情でした。このことは、将太に自立を考えさせるきっかけとなりました。将太は母親という「絶対的な居場所」から離れることへの不安を感じながらも、バンドメンバーやバイト先の先輩、カウンセラーといった外の人間関係の中で、自分らしい生き方やこれからの居場所を模索していったのでした。母親は、将太が悩みやカウンセリングの内容を話してこなくなり、心配と寂《さび》しさを内心感じていましたが、将太の進路選択を見守っていました。

## 3　挫折と親子関係

将太の挫折と葛藤のプロセスを考えていくうえで、あらかじめ明確にしておきたいことがあります。それは、将太の挫折は将太自身の個人的な挫折にみえて、実は親子関係の典型的な挫折でもあるということです。どうしてそう言えるのでしょうか。本章の最初に、「子どもの成長過程の中で、親子関係の内容もまたその段階に応じて変化していく必要がある」ことを述べました。まさにそのことに、将太と母親はつまずいていたのです。

みなさんは将太と母親の関係をどう感じられたでしょうか。おそらく、少なからず違和感を覚えた方が多いだろうと思います。その違和感を一言で表現するなら、その関係は「年齢不相応」だからです。将太は母親に全信頼を寄せ、母親はそれに応えて将太のあらゆる要求や問題行動を容認していました。このように、互いが互いに依存し合い、二人だけの世界を形成している密着した関係性を「共依存」とよびます。将太が母親に依存しているのは一目瞭然《いちもくりょうぜん》ですが、母親もまた将太から頼られることに自分の存在意義を見出し、気づかないうちに将太に依存している状態なのです。

では、この共依存関係が、どのように将太の挫折につながっているのかを考えてみます。この二人の関係の問題は、互いの距離の近さに加えて、第三者を排除してしまうことにあります。二人で父親を悪者にし、「信頼できるのは母親/息子だけ」という状況を作り出しているのです。実際、将太の父親は短気なところはありましたが、将太の将来のことを気にかけてもいたのです。しかし将太に関わろうとすると、「おまえなんか信用できない!」と締め出されていました。こういったことは人間集団の中ではよくみられます。外の誰かを悪者(スケープゴート)にすることで、集団が一体感を得るやり方です。学校などで、ある仲良しグループが特定の標的をみなで面白がっていじめたりするのは、代表的な例でしょう。

こういった人間関係のつながりがもたらすものは、条件付きの安心です。その関係につながっていたり、所属しているかぎりは、その人は安心を得られます。しかし、その安心には裏があります。「そのつながりを離れたら、自分には居場所がない」ということでもあるからです。将太は、母親を自分の絶対的居場所にすることで安心を得ながら、同時に「母親なしでは生きていけない自分」を作り上げてしまっていたのです。この自己イメージが、個人的アイデンティティの確立という課題に将太が向き合うことを困難にしました。「こうあるべき」という規準に生きることで必死に自分の居場所を守ってきた将太は、いざ「あなたはどうしたいか」を問われたときに、混乱や恐怖に陥ったのでしょう。「こうあるべき」ができなくなったとたん、エリート大学生の将太は一転、「ソファ暮らし」になってしまいました。

## 4　挫折からの回復と親子関係

親子関係の問題が将太の挫折に影響していたことを裏づけるように、将太の回復や成長もまた、親子関係の変化と並行して進んでいきました。将太は偶然のトラブルで母親に甘えられなくなったから前に進めたのではありません。注目したいのは、将太と母親のどちらもが、現実の出来事をきっかけに親子関係の変化を受け入れ、より年齢相応な関係へと移行できたことです。将太の回復の過程を三つの段階に分けて整理してみましょう。

一つ目は「母親との年齢不相応な共依存の段階」です。年齢不相応な関係は、単に心地よいだけのものではなく、どこかに「無理」があります。将太は母親に依存しながらも、内心では「甘えすぎだよな」と気づいていました。母親もまた、「私がそばにいなくても大丈夫な大人になってほしい」という息子の自立を期待する思いがありました。お互いにそうした自然な気持ちに対して「見ないふり」をして、二人だけの世界を維持しようとしていたところに、二人の「無理」がありました。母親は自分のことで手一杯になって初めて、将太に自立してほしいという思いを無視できなくなり、将太もまた、「自分で何とかしなきゃならない」という覚悟を決め、自立に真剣に向き合うようになったのです。こうして、将太は二つ目の「母親から離れて自分らしさを探す段階」へと移行しました。将太は、過去から今日までの自分を振り返り、自分の生き方について考えました。そして、母親から離れる心細さを抱えながらも、他者との相談や試行錯誤の中で、自分なりの手応えを頼りに「音楽」という新しい自分の道を見出しました。三つ目の「一定の自分らしさに到達した段階」です。

ただし、自分らしさを「探すこと（第二段階）」と「到達すること（第三段階）」は、行ったり来たりを繰り返しながら成長していく過程です。将太は、「これが自分の道に違いない……いや、やっぱり違うかも」「これをやってみよう……でも本当に大丈夫だろうか」と、少しずつ少しずつ自分らしさを確かなものにしていきました。そしてそれは、これからも続いていくものでしょう。この大切な葛藤が、親子関係の変化とともに加速していったのです。

## 5　青年の挫折を「ほどよく」支えるために

さて、青年の周りにいる私たちは、彼らの挫折を前にして何ができるでしょうか。特に本章は親子関係がテーマですから、親が子どもの挫折にどう向き合えばよいのかにも触れたいと思います。

まず大切なことは、支援する大人側が彼らの挫折に圧倒《あっとう》されてしまわないことです。若者の挫折を目の前にしたとき、大人はいろいろなことを感じるものです。ましてやそれが自分の子どもであればなおさらです。「何とかしてあげたい」という親心や、「絶対にこうしたほうがいい」という人生の先輩としての思いが私たちを駆り立てます。しかし、それは使うタイミングを間違えると、青年をさらに追い詰める圧力になってしまいます。青年の中には、自分の思いや考えをうまく外に表現できる者もいれば、そうではない者もいます。しかし、どんな青年も心のどこかで「前に進まなければいけない」と感じています。「前に進んでほしい」と願う親の気持ちもわかっています。このような自他からのプレッシャーを強く感じ取り、ひどくあせることもあります。大人が先回りせずとも、青年は自分なりに悩んでいるものなのです。だからこそ、彼らの悩むペースに合わせることが重要です。青年期後期は、手取り足取り先導してもらわなければならない段階でもなければ、自分ですべてをできる段階でもありません。その中間の、「一緒に悩んでもらう」ことが必要な時期です。それが「ほどよい」支援のスタンスです。

青年のペースに合わせるというのは、言うは易《やす》く、行うは難《かた》しです。それでも長い目で見たときには、青年がその挫折に自ら向き合い、自分で乗り越えていった実感をもてるようにサポートすることが重要です。ドイツの心理学者フロムは、両親の役割についてこう述べています。「母親の愛は、子どもの成長を妨げたり、子どもの無力さを助長したりはしない。母親は（子どもの）生命力を信じなければならない。（中略）父親の愛は原理と期待によって導かれるべきであり、脅《おびやか》したり権威《けんい》を押しつけたりすることなく、忍耐づよく、寛大でなければならない」[注1]。支援する側が結果を急がず、悩むことの価値を尊重する姿勢で臨《のぞ》むことは、青年が自分の問題に責任をもって向き合うことを促します。そして助けを求めてきたときには、喜んで一緒に悩んであげましょう。「一緒に」が肝心です。

また、親が子どもに対して適切な役割を果たし続けるためには、親自身が十分なサポートを得られていることが何より重要です。将太の母親が息子と適切な距離をとれなくなっていた原因の一つは、母親自身に拠り所がなかったことでした。青年の支援に向き合う前に、まず自分自身が安定しているかを振り返りましょう。親が孤立無援《こりつむえん》の状況では、子どもの問題に冷静に対処することは困難です。ですから、一番身近なところで言えば、両親が協力関係にあることが重要です。夫婦仲が安定していることは、家庭において母性と父性が自然に尊重され、バランスよく機能することに直結します。さらには、親族や教師などのサポーターとなりうる人との信頼関係があることも、親が煮詰まらないために役立つでしょう。

それでも、行き詰まることはあります。そうしたときには、専門家の協力を検討してもよいでしょう。身近な大人たちだけで何とかしようとすることが、悪循環《あくじゅんかん》を生んでしまう場合があります。青年は心を閉じ、周りは途方《とほう》に暮れ、出口が見えなくなり、挫折が挫折を生む状態です。カウンセリング／心理療法は、青年がふだんの生活環境・人間関係を離れて、自分について考えることに焦点を当てる機会を提供します。この場合でも、悩む主体が青年であることに変わりはありませんし、効果の現れる早さや深さには個人差があります。しかし、青年が成長へのエネルギーを取り戻し、生産的な葛藤を再開することの一助になるでしょう。

## 6　挫折することの価値

青年期後期は、人生の転機です。みなが同じように進んできた学生生活を終え、自分なりの進路選択を迫られます。そこでは、いろいろな葛藤や不安が起こるものです。成人としての要素が増えていったり、一人暮らしを始めることが多いのもこの時期ですから、親子関係も必然的に大きな転機を迎えます。その「必然」を無視して、それまでの関係性を続けようとすることはやはり「無理」があるでしょう。必然的にやってくる転機に、変化を始められる準備を整えていくことが重要です。

今の社会が、挫折の中に置かれている人々に対して寛容でないのは残念なことです。自由や個性が強調される表向きの風潮とは裏腹に、定型的な生き方やモデル、価値観が暗黙裡《あんもくり》にでき上がっているために、そこから外れた人間には必要以上の恐怖や圧力がのしかかります。しかし実際には、挫折は何かを変えるきっかけになりうるものであり、無駄なものでも、恥ずかしいものでもありません。将太が挫折をとおして新しい生き方を手にしたように、ないほうがよいと思えた挫折から、人生においてかけがえのないものを得ることがあります。挫折は、人生において意味や価値があるのです。

## 7　親子関係におけるもう一つの挫折――人生最早期の傷つき

最後に、もう一つ触れておきたいことがあります。それは、人生のより早い段階における挫折です。幼少期に何らかの理由で、親と別れざるをえなくなったり、適切な養育を受けられない、あるいは虐待《ぎゃくたい》を受けるといったことによって、親に安心して依存する、甘える経験をもてないケースがあります。この種の挫折は、その人に非常に深い傷つきを残します。もちろん、他の人間関係の中で経験を補い、その傷を修復していくことはありえます。実親からのネグレクト（育児放棄《ほうき》）を受けたある女性は、結婚後の義両親との関係で「初めて家族愛を体験した」と、驚きとともに深い感動を語りました。それでもやはり、人生最初の人間関係で体験した不安や恐怖、不信感は、それ以降の人間関係にも様々なかたちで、ときには本人も気づかないところで影を落とすことが多いようです。

こうした挫折からの回復の過程には、他とは一線を画す困難さがともないます。実母に愛されなかったことに苦しむある男性は、人に近づきたい気持ちと、近づくことへの不安との間で葛藤していました。「母との過去は変えられない。何度でも言葉にして受け止めていくしかない」という決意にも似た彼の言葉が、深く印象に残っています。その姿勢は、問題の「解決」や「改善」をめざすものではなく、変わらない事実を「受け止めて」新しい人間関係に向かおうとするものでした。人生の最早期における挫折への取り組みには、こうした特別な困難さがあり、より多くの時間とエネルギー、忍耐や諦めない心を必要とすることを、本人も周囲も理解しておく必要があるでしょう。

---

注1　E・フロム（著）鈴木晶（訳）（一九九一）愛するということ〈新訳版〉紀伊國屋書店

# 第4章　友人関係における挫折と変容

内田洋子

## 1　友人との出会い

この世に生まれた後の数年間、人は親に代表される養育者との密接な関係の中で成長します。乳児期・幼児期前期の養育者からの働きかけや、養育者とのやりとりがその後のパーソナリティ形成に及ぼす影響は大きく、養育者の価値観によって築かれた世界の中で、物事を見聞きし、理解していると言っても過言ではありません。そのような、やや受動的な人間関係を体験した後に、人は対等な関係にある存在に出会います。それが友人です。

とはいっても、子どもの初期の集団は、同じくらいの年齢だから集められただけの集団であることも多いのです。言い換えると、子ども同士は、最初はお互いを友人として認識してはいません。しかし、ともに遊び、互いの欲求が異なることを知り、ぶつかり合う経験をする中で、自分とは異なる心の動きをする存在として、友人を発見するといえます。友人関係の中では、順番を守ること、協力し合うこと、思いやることなど、様々な社会的行動を学ぶことができます。

幼児期後期には友人との関係が子どもの生活に大きく影響を及ぼすようになり、児童期の中頃には、養育者からの評価よりも、友人からの評価が重視されます。そして「ギャングエイジ」とよばれる独特な友人関係を築く時期を迎えるのです。そのギャングとよばれる友人集団は同性からなる数名の集団であり、帰属《きぞく》意識の強さと排他性、独自のルールの共有などの特徴をもっています。固定的な友人関係になりやすく、集団の中でもつ個人の影響力の違いによって、友人同士であっても主従関係が生まれることもあります。そのような関係の中では、集団の中での役割やふるまい方、適切な自己主張の方法を学ぶことができます。

青年期に入ると、友人はいっそう重要度を増します。青年期前期の課題は、特定の仲間集団に所属してその集団との絆を大切にする感覚を養うことであり、青年期後期の課題は、独自の個性をもった安定した自分を確立することです（第１章参照）。難しい課題に向き合い不安定な時期を過ごす青年にとって、その悩みを共感し合い、相談できる存在として、大人ではなく友人が必要になるのです。友人との関係の中に安心できる居場所を作ることで、新しい価値観やモデルとなる生き方を探っていくのです。しかし、友人もまた同じく不安定な時期を過ごしています。お互いに悩みを抱えている中で、必ずしも常に十分な支え手でいられるとは限らず、ときにすれ違い、信頼を裏切られたような気持ちを経験することもあるのです。その意味で、友人関係のトラブルや挫折が多いのは、青年期後期よりも青年期前期のようです。

## 2　わかり合えた友人との別れ――ある中学三年生（女子）の事例

中学三年生の友子《ともこ》は、両親と小学六年生の妹と暮らしています。友子が幼少の頃から両親は決して夫婦仲がよいとはいえない状態でした。母親は絶対的な権力をもつ父親に対する不満をもっており、「お父さんのような男とは結婚してはならない」「お母さんは大きな失敗をしてしまった」「お母さんの味方は友子だけだよ」「友子にだけは本当のことを言うね」と友子に語りかけていました。そのような言葉を受けて友子は、母親の力になろうと強く思いました。そして幼少の頃から、仲をとりもつ、けんかの仲裁役を買って出る、場の空気を和《なご》ませようとする、母親を慰《なぐさ》める、常にいい子であろうとする、などの懸命な努力を重ねてきました。しかし、友子の努力を母親が認め、感謝の言葉を表したり、ほめたりすることはありませんでした。残念ながら、母親は自身の葛藤に目を向けることで精一杯の状態でした。

しかし、中学校に入学すると、友子は疑問をもちはじめました。友人との会話をとおして、自分と友人の親子関係を比較する視点が生まれ、自分はあまりにも親に頼られすぎているのではないかと感じはじめました。そのような疑問はしだいに怒りを生み出しました。父親は絶えず偉そうにしている、母親は父親の愚痴をこぼし依存してくる、妹は無邪気にわがままを言っている。なぜ私ばかりが、言いたいことややりたいことを我慢して、家族のために一生懸命になってがんばらなくてはならないのか。もっと認めてもらいたい、ほめてもらいたい、わかってもらいたい。しばらくの間、友子はその気持ちを誰にも話しませんでしたが、少しずつ、一番仲のよかった友人である愛子《あいこ》に打ち明けるようになりました。

愛子は部活動で一緒になった友人で、登下校をともにし、お互いの家を行き来する間柄でした。愛子の両親は、愛子が小学四年生のときに離婚したため、今は母親と二人で暮らしています。愛子は両親の離婚前に激しいけんかを目の当たりにしていたため、友子の苦労話を共感的に聞いてくれます。母親との心の距離の近さや母親に煩《わずら》わしさを感じているところも何となく似ている気がして、友子は親近感を抱きました。

周りの同級生が、好きなアイドルの話で盛り上がるのを横目に、友子は、自分と愛子は他人にはわかりえない秘密を共有していると誇らしく思いました。お互いを不遇な身の上の唯一の理解者として大切に思っていると感じたのです。そして学校ではいつも一緒に行動し、二人の間に誰かが入り込むのを嫌いました。帰宅後も毎日何時間もラインを続けました。わかってもらいたい、認めてもらいたい、ほめてもらいたい、という友子の切なる思いは、愛子の存在によって満たされました。大人の都合で、子どもらしくいることを許されない境遇を嘆きながらも、それが二人をつなぐ絆であることを互いに確認し合い、安心しようとするような関係が続いていたのです。

しかし、その密接した関係は突然破綻《はたん》しました。「もう友子のことを助けるのは疲れた」と愛子が告げてきたのです。友子は、つい昨日まで愚痴を言い合い、励まし合ってきた相手から告げられたその言葉を信じることはできませんでした。そして、「疲れた？　疲れるのは大人のご機嫌取りをすることではなくて？　母親からの干渉ではなくて？　私を助けること？　私は疲れる相手？」と愛子に問いかけましたが答えは得られませんでした。今まで二人で過ごした楽しい時間は何だったのか、いつも自分が満足していただけで、愛子はそうではなかったのか。友子は、友情で満たされていた身体が、足元からすべて崩れ落ち、破片《はへん》となって地面にバラバラと散らばってしまうような気分になりました。

その後、愛子は友子からの連絡をシャットアウトしました。学校では別の友人と行動をともにして、友子に話しかけてくることはなくなりました。友子が愛子に働きかける隙《すき》はなく、関わりたいという意欲も奪われるほど愛子の態度は衝撃的でした。理解者を失って友子の生活は孤独感と絶望感に満ちたものになりました。家族への不満は相変わらずでしたが、それを共有する相手も見つけられず努力をほめてもらうこともできません。毎晩、部屋でうずくまって涙を流しながら、この世でまったくの一人ぼっちになってしまったように思いながら過ごしていました。愛子と仲良くなる前に渦巻いていた感情が、さらに程度を増して襲いかかってくるようにも思えました。

友子と離れた愛子が別の友人と楽しく過ごす姿を想起して、怒りや悲しみを感じることもありました。何の悩みもなさそうだと二人でばかにしていた、子どもっぽい同級生たちと一緒に過ごしているのはなぜなのか、家庭環境への不満を共有し労り合った体験は、愛子にとって大して意味がなかったのか、自分の理解者は愛子だけと信じて愛子にしか本当の気持ちを話していなかったのに、愛子はそうではなかったのか、そんなふうに思った瞬間に、友子はハッとしました。どこかで聞いたことのある言葉だと思ったのです。「お母さんの味方は友子だけだよ」「友子にだけは本当のことを言うね」――これらは小さい頃から、友子自身が苦しめられてきた母親の言葉です。友子は、母親の言葉の裏側にある依存や束縛《そくばく》の感情に長年苦しみ、その苦しみをわかち合う友人として愛子を大切に思い、癒やされてきました。

それにもかかわらず、友子は愛子に同じ言葉を投げかけ、束縛し依存しようとしていたことに気づきました。そして友子の強い束縛や依存を感じたからこそ、愛子が「疲れた」と言って離れていったと確信しました。自分の行いを後悔した友子は、「今まで頼りすぎてしまってごめんね」と愛子にメッセージを送りましたが、返事はありませんでした。愛子が再び声をかけてくれることはなく、関係が修復されることはないままに、二人は別の高校に進学し、再び会うこともありませんでした。

愛子との苦い体験を経て、友子の自分に対する捉え方や母親に対する思いは少し変化しました。自分の中にもある身勝手さや依存心を認めることで、母親の未熟さを許容できるようになったのです。また、いい子でいるために我慢しなければならない、というこだわりから解放されたので、「お母さんのことを助けるのも疲れるよ」と伝えることができました。母親がそれを聞いて態度を変えるということはありませんでしたが、友子自身は肩の荷を少し下ろすことができました。愛子との出来事によって心に残っていた傷も、自分の身勝手さを気づかせてくれた愛子への感謝の気持ちが生まれることで少しずつ癒やされていきました。そして、またどこかで愛子に再会できるならば、今度は「ごめんね」ではなく「ありがとう」と言おうと心に決めています。

## 3　青年期における友人関係の特徴――なぜ関係は破綻したのか

今回の事例をとおして、青年期の友人関係を振り返ってみましょう。中学三年生の友子は、両親に十分に甘えられず、いい子でいなければならない状況が長く続いていました。心理的自立は、その状況に疑問をもつところから始まりました。青年期には、抽象的な思考が可能になるので、様々な情報や自分の現実の状況を包括《ほうかつ》的に関連づけて、物事を批判的に捉えるようになり、自立への動きが加速します。友子の場合、友人との会話の中で、自分と友人の家族関係の相違に気づき、それと自分が日頃から抱える苦しさがつながり、家庭内のパワーバランス（力関係）への疑問を引き起こすことになりました。そして、養育者から自立するための基盤となる新しい価値観を身につけていく中で、友子にとって、重要な役割を果たしたのが友人の愛子でした。

青年期全体をとおして、友人関係には、次の三つの機能があるといわれています。[注1]

**①安定化機能**　緊張感・不安感・孤独感といったマイナスの感情をもったときに友人がいることでやわらげられる

**②社会的スキルの学習機能**　親しい友人との関わりをとおして人との関わり方や適切なふるまい方を習得する

**③モデル機能**　友人をとおして自分を振り返り、自分自身についてのイメージを形づくる際の模範となる

友子にとって両親の不仲や母親との関係性に共通点があり、苦労を共有できる相手である愛子は、三つの機能をすべて満たす、かけがえのない存在だったのです。

その一方で青年期、特に青年期前期には、新しい価値観や生き方を探るための確かな手がかりが得られない焦燥感から、仲間集団や信頼できる友人に過剰に依存し束縛する事態も生じます。また、友

子は家庭の中で、過剰に依存され、束縛されるという体験をしています。そのような人間関係の築き方しか知らないと言っても過言ではないでしょう。それが、愛子との関係にも影響を及ぼし、愛子が友子を拒絶するに至ったともいえます。

おそらく愛子自身もまた、家庭内で同様の役割を果たしており、依存や束縛の関係に敏感になっていたのでしょう。友子との関係を終わらせることは、愛子にとって依存や束縛から逃れて、自分らしさを守ることだったのかもしれません。

## 4　友人関係の挫折と向き合うことの意味

友人関係の挫折から立ち直っていく過程は、三段階に大別できます。第一段階は自問自答の段階です。例えば友子は、悩みを共有し、信頼していた愛子から突然、「もう友子のことを助けるのは疲れた」と告げられ、関係が破綻します。友子は事態が理解できず、わき上がってくるのは孤独感と絶望感と怒りでした。

しかし、友子はその感情を安易に吐き出して解消するというようなことはせず、自分とじっくりと向き合い、あらゆる問いを自分自身に投げかけ続けたのです。実は友子は、本当は愛子に向けて問いたかったのですが、直接投げかけることはできないため、他の誰でもない友子自身が答えるしかなかったのです。けれども、精神的な自立が重要な課題となる青年期には、自問自答することが大きな意味をもつのです。

第二段階は、自己受容の段階です。自問自答を続けた友子には、大きな転換点がやってきました。自分が愛子にもっていた感情や思いが、母親が自分に対してもっていたものと同じであることに気づいたのです。言い換えると、自分が苦しんだ関係のあり方をそのまま友人との間に持ち込んだことを理解したのです。幸いにも、愛子の拒絶によって、束縛と依存の関係が強まる危機は回避されましたが、友子自身もそのことに気づいたことを契機に、今まで意識できずにいた自分自身の身勝手さや依存心に向き合い、受容しはじめました。

第三段階は、身近な他者を理解し受容する段階です。例えば友子は、身勝手さと依存心を母親から受け継いだと気づくことをとおして、母親を理解することになります。つまり、自分の中にある弱さを、母親の（育て方の）せいにするという思考ではなく、母親を理解する材料として活用するという捉え方に変化したのです。

その背景には、本来の努力家である友子の特性に加えて、愛子との交流を深める中で友子が愛子に同一化したことが働いていたようです。同一化とは精神分析学の用語で、他者の人格特性や価値観を自分の中に取り入れ、同じような傾向を示すようになることを意味します。現実の関係は途絶えてしまっているけれども、友子の心の中で愛子は自分と切り離すことのできない存在となり、そのときもまだ支えになっていたのではないでしょうか。そして友子は、自分にとって負担になる関係を終わらせることで自分を守った愛子と同一化したことによって、初めて母親に、「お母さんのことを助けるのも疲れるよ」と自分の思いを告げられたのでしょう。友子もまた自分を守り、新しい価値観を獲得しはじめました。愛子との実際の関係が破綻したとしても、その関係から得たものは友子自身を支えているのです。

## 5　友人関係の挫折に対して身近な支援者ができること

青年期の友人関係では、大人にわかってもらえないこと、わかってほしくないことを共有することが重要です。そのため支援者は、基本的には本人の力を信頼して見守ることが望ましいでしょう。積極的に支援すべきかどうかの見極めのためには、トラブルや悩みの日常生活への影響の度合いをみることが大切といえます。他の章でも詳細な説明がありますが、抑《よく》うつ、食欲不振《しょくよくふしん》、不眠《ふみん》、意欲低下等が著しく、ある程度の期間続いているのならば、何か手伝えることがあるかを尋ねたり、困ったことがあったら何でも相談してほしいと告げておくのがよいでしょう。つまり支援者が、最終的にその問題を解決するのは本人であることに留意しながら、解決のためのエネルギーがなくなってしまったときにはエネルギー補給の役割を果たすという気持ちで準備をしておくことは大切です。

また、支援者の多くも、これまでの人生の中で友人関係における挫折を経験していると思われるので、そういったことを、日頃から話しておくのも予防として大きな意味をもちます。挫折を超えて、大人が今どんな人間関係の中で生活しているのかを知ることで、青年も、今自分が抱えている問題の終着点をイメージすることができるようになるでしょう。そのためには、支援者自身が机上《きじょう》の空論《くうろん》ではなく、充実した人間関係を実際に築いており、手本を示すことも重要といえます。

## 6　友人関係の挫折を乗り越えるための心の作業の終結地点

精神分析学者ブロスは、青年期に親から自立する過程を「第二の分離個体化過程《ぶんりこたいかかてい》」とよんでいます。[注2]これは、親からの影響を離れ、心理的に独立し、個を確立していく過程を意味しています。この過程では、親に代わる依存や同一化の相手として、友人と相互依存の関係を形成する必要があります。[注3]

このように友人の存在は、青年の心理的発達に重要な役割を果たすのですから、友人関係の中で経験する挫折を乗り越え、成長の糧《かて》にするためには、なぜその関係につまずいたのかを丁寧に吟味《ぎんみ》し、自分に向き合う姿勢が不可欠です。自らの生育歴を振り返る中で明らかになったことを、今後の人生でどのように活用していくのかについても考える必要があります。このような心の作業の終結地点は、青年が仲間集団に健康な意識で関われるようになったり、等身大の自分とうまくつきあう方法を見つけたりしたときかもしれません。自分自身の人生の舵取《かじと》りを他人に委ねることなく、責任をもって自分で生きていく、と覚悟を決めることで、どんな人間関係も自己成長のための宝となります。身のまわりの宝の山を見過ごさなければ、すべての青年に豊かな人生が待っているのです。

---

注1　松井豊（一九九〇）友人関係の機能　斎藤耕二・菊池章夫（編）社会化の心理学ハンドブック——人間関係のプロセスと基礎理論　川島書店

注2　Blos, P. (1979) *The adolescent passage: Developmental issues.* New York: International Universities Press.

注3　皆川邦直（一九八〇）思春期・青年期の精神分析的発達論　小此木啓吾（編）青年の精神病理2　弘文堂

# 第5章 恋愛関係における挫折と変容

●安藤嘉奈子

## 1 安定した恋愛関係を支えるもの

青年期後期は、友人関係だけでなく恋愛関係が重要になる時期です。では、恋愛とは一体どのようなものでしょうか。『新明解国語辞典第七版』では、「他の全てを犠牲《ぎせい》にしても悔い無いと思い込むような愛情をいだき、常に相手のことを思っては、二人だけでいたい、二人だけの世界を分かち合いたいと願い、それがかなえられたと言っては喜び、ちょっとでも疑念が生じれば不安になるといった状態に身を置くこと」と定義されています。

この定義からは、安定した恋愛関係を形成するためには、自分を犠牲にしても相手を愛して相互に調整し合い、協調関係の維持に努める心の資質が不可欠であることがわかります。そのような心の資質は親密性とよばれています。[注1] 親密性の確立は成人期前期の課題です。青年期後期は成人期前期の一つ前の段階なので、親密性はまだ確立されておらず、成熟した恋愛関係を築くことはなかなか難しいでしょう。

けれども、青年期後期の恋愛には大きな意味があります。なぜなら、恋愛は青年期後期の課題である個人的アイデンティティの確立を支える重要な要素となるからです（第1章参照）。個人的アイデンティティを十分に確立することは、親密性の確立のための基礎となります。なお、個人的アイデンティティが確立された心の状態とは、いつも同じ安定した自分がいることや、過去の自分があるから今の自分があり、今の自分があるから未来の自分があることを実感している状態です。自分らしさや独自の個性がわかっており、自己肯定感や自己信頼感をもっている状態でもあります。

## 2　愛と憎しみの強烈な体験——ある大学生（女性）の事例

青年期後期の恋愛関係における挫折の典型例には、好意を寄せている相手に告白してふられることや、つきあいはじめたものの安定した関係を築けずに別れることがあげられます。血縁関係とは異なり恋愛関係は解消することが可能です。とりわけ青年期後期には出会いから別れまでの比較的短期間の恋愛関係の中で、血縁関係のない相手に対して強烈な愛と憎しみを向ける体験をします。ある大学生（女性）の恋愛と挫折の経過についてみてゆきましょう。

＊＊＊

恋子《れんこ》は同じ大学の異性の先輩に憧れていつも遠くから眺めていました。しかし、あるとき勇気を振り絞って自分の気持ちを打ち明けました。なぜ先輩を好きになったのかというと、一見明るそうに見えて実は影のあるところが自分に似ていると思ったからです。先輩は恋愛関係になることを了解してくれたので、恋子は奇跡的に恋が実ったと感激し、毎日ラインで連絡をとり週末にはデートをしました。恋子は充実した恋をしている自分が好きでした。先輩と一緒にいると最高に幸せな気分になりました。離れているときにも四六時中先輩のことを考えました。そしていつしか恋愛こそが自分のすべてと思うようになりました。

けれども半年ほどすると恋子は、連絡をするのもデートに誘うのも自分だけで、先輩は常に受け身の姿勢でいるという事実から目をそむけることができなくなりました。もしかしたら自分は両想いではなく片想いなのか、という不安が強くなり苛立《いらだ》ちました。恋子は関係を改善しようと決意し、「私のことを好きなら、先輩のほうからもっと積極的に連絡してほしい」と頼みました。すると先輩は曇《くも》った顔をして、「しばらくつきあってみたけれどもフィーリングが合わない」と言いはじめ、唐突に別れを切り出しました。恋子は別れを強く否認しましたが、先輩を引き止めることはできませんでした。

別れの直後には恋子は眠ることも食べることもできなくなり、自分の部屋にひきこもって子どものように泣き続けました。自分が世界で一番惨《みじ》めで孤独な人間のように感じられました。楽しかった思い出が脳裏《のうり》をよぎると、胸のあたりが本当に痛くなって何度も吐きました。こんなにもつらいならばもう二度と恋はしないと誓い、この恋を失うくらいならば死んだほうがマシかもしれないと思い詰めて、キッチンから包丁を持ち出しました。けれども結局のところ死ぬ勇気はなく、意気地のない自分がいっそう嫌になって落ち込みました。

激しい悲嘆《ひたん》は三日ほど続きましたが、心と体が限界に達すると恋子は抜け殻のようになりました。四日目にはもう泣くための気力や体力が残っておらず、浅い眠りと覚醒《かくせい》を繰り返しました。その日の夕方、ベッドに横たわってぼんやりと過ごしていると、突然お腹がグーッと鳴りました。心に深い傷を受けて立ち直れない状態なのにお腹はちゃんと空くと気づくと、恋子はこの失恋が悲劇ではなく喜劇のように思えてきました。そして失恋以来、初めてクスリと笑いました。とりあえず食事をすると冷え切った体に温かさが戻りました。

少し元気になった恋子はもう一度自分の心を覗《のぞ》き込みました。するとからっぽのはずの心の中に、悲しみや嘆きとは別の感情がうごめいていることに気づきました。先輩はなぜいとも簡単に自分を捨てたのか。自分はそんなに魅力のない人間なのか。いや、たとえ魅力がないとしても一方的に捨ててよいわけがない。悔しい。ムカつく。見返したい。先輩に別れなければよかったと思わせるほどの「イイ女」になりたい。恋子はお腹の底から強烈な憎しみがわき上がるにつれて、生きる力もよみがえってくるような妙な感覚を抱きました。

翌日から恋子は大学の授業に真面目に出席し、アルバイトも再開して忙しい日々を送りはじめました。就職のことを考えて企業のインターンシップにも参加しました。先輩との恋を失ったら生きていけないと思っていた自分が、その恋を失ってもちゃんと生きていることに恋子はとても驚きました。自分はさほど強くはないのでいつまでがんばれるのかはわからないと思いつつも、その反面で、自分は決して弱くて無力な存在ではないと感じはじめました。そして、恋愛以外のことに打ち込める新しい自分が確かに存在していると思いました。

失恋から一年ほど経つと、恋子は自分に起こった出来事をかなり冷静に整理できるようになりました。失恋の直後には先輩への憎しみや復讐心から無理にでも充実した生活を送ろうとしましたが、いつしか自分のためにがんばろうと思うようになりました。人間的な魅力や将来の仕事につながる能力を身につけるための、地道な努力を惜《お》しまなくなったのです。また、奇跡の運び手のように思われた恋の相手を失っても自力で立ち直り、前向きに生きてゆけるという確信は、恋子の人生観に深く組み込まれました。そして、失恋してもそこから何かを得ようとする姿に自分らしさを発見し、そんな自分を心から愛おしいと感じました。たった一度の失恋にとらわれずに新しい恋をしたい、と素直に思えるようにもなりました。

## 3　青年期後期の恋愛関係の特徴

第2節で示した恋愛と挫折の経過について少しまとめてみましょう。恋子が先輩に恋をした大きな理由は、二人の性格が似ていると感じたことにありました。先輩のすべてを愛したというよりは、自分との類似点を見つけて好きになったふしがあります。青年期後期には片思いの相手や恋人の中に自分自身を映しだし、相手と自分を重ねて見る傾向があるのです。

さらに、恋子は先輩の気持ちや考えを理解して関係を深めることよりも、恋愛を主題として自分を振り返ることに懸命になっていました。それを証明するように、恋子の捉えた自分のイメージは、

「片思いの自分」「恋がすべての自分」「世界で一番惨めな自分」「先輩を見返したい自分」というふうに、恋愛関係の変化にともない目まぐるしく変化しています。ところが、恋子の捉えた先輩のイメージはどことなく曖昧《あいまい》な印象があります。青年期後期には、恋の相手よりも恋の鏡に映った自分に対して積極的な関心を向ける特性もあるのです。

では、青年が恋の相手と自分の性格や興味の方向性が似ていると感じたり、恋の相手よりも自分に意識を傾けたりするのはなぜなのでしょうか。その理由は第1節で示したように、青年期後期が個人的アイデンティティの確立を探求する段階にあるからです。個人的アイデンティティを確立するうえで重要になるのは、性格、興味・関心、価値観、心身の能力などを正確に捉えて自己洞察を深めることです。自分が育ってきた過程を見直し自分なりに納得してそれを受容すること、将来を展望して人生目標を選択し専心《せんしん》努力することも不可欠です。恋の鏡に映しだされた自分とじっくりと向き合うことは、青年にとって自己確立のための一つの貴重な経験となるのです。

それに加えて恋の相手から愛されたり認められたりすることは、青年の自己肯定感や自己信頼感を高めるうえで意味があります。青年は、自分はどんな存在か、自分は何をして生きてゆきたいのか、について思案するうちに迷路に入り込み、かえって自分のことがわからなくなります。理想の自己像と現実の自己像の隔《へだ》たりが大きくなるにつれて、心の中では葛藤が渦巻くようになります。自己否定的な感情が高まり、それと反比例するように自信が失われてゆきます。

そのようなときに恋の相手から好意を向けられると、現実の自分を少し肯定的に捉えられるようになるので、癒やしが得られたり自信が回復したりします。例えば恋子にとって、自分と重ね合わせて見ていた先輩と相思相愛の関係になることは、先輩だけでなく自分を肯定して信頼し愛することと等しかったのです。一方、先輩にとっては、恋子から好意を寄せられていると感じることが自分を肯定して信頼し愛するために役立ったのでしょう。ところが、無条件で愛を与えてくれたはずの恋子が急に愛されることを望んだので、ひどく混乱して突然に別れを選択しています。恋子だけでなく先輩も自分探しの途上にあり、恋愛に関する独り相撲《ひとずもう》をとっていたようです。

## 4　恋愛関係の挫折と向き合うことの意味

青年期後期には恋愛関係の挫折に向き合うことから多くのことを学びます。恋愛関係の挫折を乗り越えるプロセスは三段階に大別されます。第一段階は悲嘆の段階です。第3節で示したように、青年は恋の相手に自分を重ねて見ているので、失恋によって恋の相手を失うだけではなく、自分がなくなるような感覚に陥ることがあります。例えば恋子は「恋がすべての自分」をとても大切に思っていました。けれども失恋によって、ようやく見つけた理想の自分を手放さざるをえない、という危機的な状況に追い込まれて大きな苦悩を味わっています。

悲嘆の段階では泣きたいだけ泣くことも大切です。体内環境を整える自律神経は、興奮や緊張を促進する交感神経と、休息や落ち着きを促進する副交感神経で構成されており、どちらかが優位に働く仕組みになっています。感情の高ぶりから流される涙は副交感神経を優勢にするきっかけとなるので、泣くことはストレス解消につながります。つまり泣き疲れると、眠くなったり空腹を感じたりするのは体の自然な作用であり、睡眠や食事がとれるようになれば状況を客観視する心の余裕も生まれます。言い換えると、悲嘆の段階では青年は心と体の結びつきや、悲嘆が処理されるプロセスについて身をもって体験します。

第二段階は憎しみの段階です。古い恋への未練を断ち切ることは、別れた恋人のいない世界で自分が生きてゆくことを受容するための鍵となります。けれども、激しく恋い慕《した》った相手への執着《しゅうちゃく》を断つことは並大抵《なみたいてい》のことではないので、破壊的なエネルギーをもった憎しみの衝動が緊急的に発動するのかもしれません。恋子も自分を捨てた先輩に強い憎しみを向け、そのエネルギーに突き動かされるようにして通常の生活に戻りました。一般的には憎しみはどす黒く否定的なものと捉えられ、憎むことは道徳性に欠ける行為とみなされています。けれども、精神分析学の始祖《しそ》フロイトは愛と憎しみを二つの極と考えており、人間関係において憎しみが愛に、愛が憎しみに変わることは多いと述べています。[注2]つまり、愛による結合から分離するためにはしっかりと憎むことも重要なのです。

そうは言っても憎しみは劇薬《げきやく》のような性質をもっているので、コントロールする姿勢を培《つちか》うことは大切です。適度な憎しみは心のカンフル剤のように作用して、失恋から立ち直るための原動力《げんどうりょく》となります。しかし、過剰な憎しみをもち続ければ命の危険につながる可能性も否定できないので、いずれはそれを手放さないと前に進めなくなります。そのため憎しみの段階では、青年は憎しみを統制しつつ心の距離を調整する方法や、怒りを自己成長に役立てる方法について体験的に習得します。

第三段階は新しい自分を創造する段階です。悲嘆も憎しみも超越して、失った恋以外の何かに打ち込める新しい自分を作り出す過程では、青年は恋の鏡に映った自分ではなく本当の自分と向き合う取り組みを開始します。

恋子の立ち直りの経過をみると、最初は憎しみを推進力として自己研鑽《じこけんさん》のための目標を選びとり、半信半疑《はんしんはんぎ》で努力を始めています。けれども、日々の努力を繰り返す中で、さほど強くはないものの決して弱くはない等身大《とうしんだい》の自分に気づいています。さらに、目標に向かって誠心誠意《せいしんせいい》努力する姿勢を継続できると確信したときに、長所も短所もある自分を丸ごと受容した印象を受けます。言い換えると、自分らしさとは何かという青年期後期の本質的な問いへの答えを見出し、この自分で大丈夫という肯定感や信頼感を抱いた結果として、失恋の痛手《いたで》から回復したという実感が強まっています。恋子の心の状態は個人的アイデンティティがある程度確立された状態なのです。

自分を新しく作り変えるための心の作業は、誰かに頼っているだけでは成し遂げられない性質のものです。恋愛関係の挫折を自力で克服すると、自己肯定感や自己信頼感は確実に高まります。不屈《ふくつ》の精神や前向きな人生観も形成されます。新しい自分を創造する段階では、青年は唯一無二《ゆいいつむに》の存在としての自分を理解し信頼して愛するための力を蓄えているのです。

## 5　失恋した青年に対して身近な支援者ができること

青年期後期には失恋という挫折がつきものですが、身近な支援者はどのように関わればよいのでしょうか。そもそも青年は恋をしていることを隠していたり、恋愛について相談することを恥ずかしく感じたりすることも多いのです。身近な支援者が失恋の事実を知りえたとしても、何が起きたのかをしつこく問いただすと逆効果になります。しかし、恋愛に慣れていない青年や、人づきあいが苦手な青年が失恋を体験したときには、周囲がさりげなく支える方法を工夫することも大切です。最も重要になるのは、身近な支援者が青年の様子を温かく見守るとともに、心身の状態を冷静に見極めることです。

不適切な恋愛関係をもっていたり失恋のショックが長引いたりした状態では、心身の不調が起こりやすくなります。具体的には以下の問題が生じます。

**①睡眠の問題**　寝つきが悪い、夜中に目が覚める、朝早く目が覚める、熟眠感がない
**②食の問題**　食欲がない、暴飲暴食《ぼういんぼうしょく》をする
**③集中力や意欲の低下**　何もする気がしない、学業や仕事の能率が低下する
**④抑うつ気分の増大**　憂うつな気分が続く、悲しみから立ち直れない
**⑤自傷《じしょう》行為**　自分の体を傷つける
**⑥他害《たがい》行為**　他者の体を傷つける、器物を破壊する
**⑦自殺・他殺に関わる問題**　自殺・他殺の意思がある、自殺・他殺の具体的な計画を立てる

本来ならばこのような心身の不調は、青年が恋愛関係の挫折から立ち直る過程でおのずと解消されます。しかし、心身の不調が何ヶ月も続き日常生活に支障が出ている場合には、医師や公認心理師・臨床心理士の助けを借りることを検討したほうがよいでしょう。特に命が脅かされる危険が迫っているときには専門家に緊急に相談して対処する姿勢が不可欠です。

次に、身近な支援者が日常的にできる工夫について考えてみましょう。青年の心身の不調が著しい

ときには、十分な睡眠とバランスのよい食事をとり、規則正しい生活ができるように援助することが課題となります。青年が少し落ち着きを取り戻したならば、気分転換を促すとよいかもしれません。家族と一緒に体を動かしたり、学校や職場で談笑したりすることは、青年の傷ついた心を癒やすうえで思いのほか役立ちます。適度な運動が心身のストレスを解消させることは科学的に実証されています。笑うことが免疫機能を活性化させることも明らかになっています。

また、身近な支援者が青年のよいところを繰り返しほめることも大切です。肯定的なフィードバックは失恋によって低下した自信を取り戻し、自分に対するよいイメージを作り直すための助けとなります。青年が好きなことや得意なことに積極的に取り組む機会を提供することも有意義です。

さらに青年に自分を振り返る心の余裕が出てきたならば、身近な支援者が青年のつらい気持ちを認めつつも、五年後・十年後にどうなりたいかについて自然な感じで問いかけることが役に立ちます。青年は目前の事柄にとらわれやすく将来を展望することが苦手なので、失恋にこだわって自分を過小評価すると将来への希望まで失うことがあります。したがって、支援者が将来に目を向けさせることで、青年の近視眼《きんしがん》的な見方が多少なりとも修正されるならば、一歩前進したと言えるのです。

## 6　失恋という挫折を乗り越えるための心の作業の終結地点

これまで述べてきたように青年期後期の恋愛関係では挫折が多く、その関係は短期間で解消されることも珍しくありません。そのため、恋愛のプロセスには天国発・地獄行きのジェットコースターに乗っているような激しさがつきまといます。青年は相思相愛《そうしそうあい》の幸福感を味わったのも束の間《つかのま》、生きる気力がなくなるような苦悩を味わって大きく揺さぶられることになります。だからこそ年齢を重ねると若き日の恋を懐かしみ、あんなに純粋で激しい恋はもう二度とできないと思うことがあるのです。

さらに補足すると、未熟な恋愛関係をとおして、アイデンティティや親密性はだんだんと確立されます。青年期後期の恋愛に独特の激しさが内包されているとしても、青年が失恋の痛みと向き合い新しい自分を創造できるならば、挫折した恋愛関係のために費やされた時間や労力は決して無駄にはならないでしょう。

最終的には個人的アイデンティティと親密性を確立し、相互理解と相互尊重に基づいた安定した恋愛関係を形成することによって、失恋という挫折を乗り越えるための心の作業は終結します。一つの例としては成人期前期に生涯の伴侶を獲得することがあげられます。しかし、そこに至るまでには長い時間を要するので、青年にとって失恋体験は出口の見えないトンネルのように映ります。青年が大人になるためには、失恋の突破口を見出そうともがく中で、人生には時間にしか解決できないものがあると知ることも重要なのです。その意味では恋愛関係の挫折を乗り越えるために一番大切なのは、心を醸成《じょうせい》させるために必要な時薬《ときぐすり》なのかもしれません。

注1　E・H・エリクソン（著）仁科弥生（訳）（一九七七・一九八〇）幼児期と社会1・2　みすず書房
注2　S・フロイト（著）竹田青嗣（編）中山元（訳）（一九九六）自我論集　筑摩書房

# 第6章 インターネット利用における挫折と変容

●桂　瑠以

## 1　インターネット利用の状況とその影響

インターネットは、日常生活の様々なところで利用されており、私たちの生活や社会に変化をもたらしています。インターネットの普及率は、今日でも増加傾向にあり、二〇一七年時点で、全体では八〇・九%、青年世代では九六・九%と、広く利用されています。[注1]また、インターネットには、ウェブサイト、メール、SNS (Social Networking Service) などの様々なサービスやツールがあり、とりわけ青年世代は、目的に応じて多様なツールを使い分けて利用していることも特徴といえます。

インターネットは、利用する人々に恩恵を与えてくれる一方、問題を及ぼすこともあります。例えば、スマートフォンでの通話やSNSの利用により、簡単に人とつながることができるという利便性が高い反面、インターネット上でのトラブルやネットいじめといった問題行動につながる場合もあります。こうしたインターネットのメリット・ディメリットを理解し、よい点をよりよく活用しながら、問題点の解決方法を考えていくことは、情報社会を主体的に生きていくうえで重要なことです。そこで本章では、インターネットの中でも、近年、青年への普及が著しく、使用による影響も大きいと考えられるＳＮＳに焦点を当てて、利用者個人や人間関係にどのような影響を及ぼすかについてみていきたいと思います。

## 2　ＳＮＳ疲れの事例――ある高校生（女子）の場合

ＳＮＳは、インターネット上でコミュニケーションを促進させ、人と人とのつながりを形成・維持していくツールであり、ＳＮＳ普及初期に人気を博したフェイスブックをはじめとして、ツイッター、ラインなどのサービスは世界的に利用されています。ＳＮＳの利用率は、二〇〇〇年代初期から年々増加しており、青年世代の利用率は六八・四％とかなり高いことが示されています。[注2] そこでＳＮＳ利用の例として、ある高校生（女子）のケースを取り上げます。

＊＊＊

高校一年生の直子《なおこ》は、ツイッター、ライン、インスタグラムなどのＳＮＳを使っています。ＳＮＳは中学生の頃から利用していましたが、中学生の頃は仲間内でのやりとりが中心で、それほど多くはＳＮＳを利用していませんでした。しかし、高校に入学して、新たな友人ができたことをきっかけに、ＳＮＳの利用も多くなりました。また、ＳＮＳでは、「友人の友人」などの直接知り合いでない相手からも、フォローされたり友人グループに招待されることがあり、ＳＮＳでしかつながりのない友人も増えていきました。直子にとって、そうした多くの人たちとコメントし合うことは、新鮮で楽しく、友人関係が広がり、生活が充実しているように感じられました。しかし、利用が多くなるにつれて、しだいにＳＮＳが気になって、一日に何度もチェックするようになり、自分の投稿《とうこう》にコメントや反応がないと、周りから取り残されたような寂しさや不安を感じるようになりました。逆に、自分の投稿に多くのコメントや反応がもらえると、自分を認めてもらえているといううれしさや満足感が大きくなり、もっと周りに見てもらいたい、反応してもらいたいという気持ちが強くなり、ますますＳＮＳに熱中し、多くの時間を費やすようになりました。

　そんな頃、クラスの仲良しグループで、ラインのグループトークで遊ぶ予定について話していたとき、グループの一人が、既読後、なかなか返事をしなかったことに他の友人が腹を立てて、仲間はずれにするという出来事が起きました。このことがあってから、直子の気持ちの中で、既読したらすぐに返信しなければいけないという義務感が強くなり、ときにラインのやりとりに疲れを感じるようになりました。また、ツイッターの利用が増えるのにしたがって、知らない人からフォローされたり、不快なコメントをされることもあり、煩わしさや怖さを感じることもありました。さらに、クラスの友人の間でも、ツイッターやラインで相手をからかったり、誹謗中傷《ひぼうちゅうしょう》する書き込みがあり、しだいにエスカレートしていくといったトラブルがありました。直子もその書き込みを見て、友人が気の毒になり、助けてあげたいと思いましたが、同時に、助けたら自分もこうした書き込みをされるかもしれないと思うと怖くて何もできず、とても嫌な気持ちになりました。このような出来事が重なって、直子は、ＳＮＳでやりとりすることが嫌になり、一部のＳＮＳやグループをやめてしまいました。やめてからしばらくの間は、暇《ひま》なときはＳＮＳのことが気になっていましたが、ちょうど部活が忙しくなった時期でもあり、部活の友人と自主練習や準備をするなどして気を紛らわせることができました。また、それまではいつも気持ちのどこかでＳＮＳのことが気になっていましたが、だんだん気にならなくなり、他の活動にも集中して取り組めるようになりました。ＳＮＳをやめたことで途切れてしまった友人関係もありましたが、逆に直接会う機会が増えた友人もいて、そうした友人とは、会っていろいろな話をしたり、会っていないときはＳＮＳでやりとりすることで、より親密な友人関係が築けるようになりました。こうした経験から、直子は自分の性格的にも、ＳＮＳで友人関係を広げすぎるのは向いていないと思い、それによる弊害《へいがい》もあるのだと思いました。また、少数でも、お互いに理解し合えて、支え合える友人と直接会ったり、ＳＮＳを使ったりして、つながりが保てることで、心地よい友人関係が築けることもわかり、こうした友人関係を大切にしていくためにＳＮＳを使っていこうと考えるようになりました。

## 3　ＳＮＳ利用の問題

### ●ＳＮＳ疲れ

ＳＮＳは手軽にコミュニケーションがとれる便利なツールですが、その一方で、ＳＮＳでのやりとりを負担に感じてしまうこともあります。また、直子のように、初めは楽しくＳＮＳを使っていても、何らかのトラブルにあったりして、しだいに使うことが嫌になってしまう場合もあります。こうしたＳＮＳへの負担感や抵抗感を「ＳＮＳ疲れ」といいます。ＳＮＳ疲れは、特に中学生、高校生といった若年層に多くみられます。このようなＳＮＳ疲れの主な理由として、以下のことが考えられます。

第一に、ＳＮＳの機能的特徴により、また複数のＳＮＳを併用することにより、ＳＮＳ疲れが現れる可能性があります。例えば、先述の事例で取り上げたように、ラインには「既読」という機能があり、受信者がメッセージを読むと「既読」と表示され、メンバー全員にわかります。既読機能により、メッセージがいつ読まれたか確認できて利便性が高い反面、メッセージを読んだらすぐに返信をしなければいけないといった負担感が高くなる可能性もあります。また、既読したのに返信しないことは「既読スルー」とよばれ、マナー違反とされることがあり、義務感でやりとりを続ける状況も生じて気疲れしてしまうことや、いじめなどのトラブルにつながることもあります。直子もラインの頻《ひん》繁《ぱん》なやりとりに疲弊しており、グループ内でも揉《も》めごとが発生しています。とりわけ若年層では、複数のＳＮＳを併用したり、使い分けている場合が多く、状況や関係性に応じて、異なる対応が必要となることもＳＮＳ疲れの一因と考えられます。

第二に、ＳＮＳでの人間関係があげられます。一例として、ラインのトーク機能を取り上げます。トーク機能は、一対一でのトークや複数人でのグループトークなど、特定の相手との間で、閉鎖性の高いやりとりが行われる特徴があります。こうした相手は、オフラインでも交流している友人などが多いため、既存の人間関係に支障がないように気を使って関わらなくてはならず、気疲れしてしまうこともあります。また、このような閉鎖性の高い人間関係では、先に述べた「既読スルー」をしないことや、相手にコメントしてもらったら自分もコメントしなければならないと義務感を感じることもあります。直子の場合も、相手やグループに合わせなければいけないという圧迫感が、SNS疲れにつながった可能性が考えられます。

第三に、SNSで他者からの評価を気にすることや、他者と比較することも一因と考えられます。直子もSNSの利用が広がるにつれて、他者から返されるコメントに対して敏感になっています。自分が人からどのように見られているかを気にすることを「評価懸念《ひょうかけねん》」といい、これは誰でも多少は感じるものです。しかし、SNS上での他者からの評価を気にしすぎると、本音を言いにくくなったり、ときには人によく見せようとして偽《いつわ》りの内容を投稿してしまう場合もあり、こうしたことがSNS疲れにつながる場合もあります。中学生を対象としたSNSの利用状況やネット依存に関する調査の結果をみると、SNSは中学生世代にも浸透しており、利点もある一方で、SNSの投稿や閲覧を煩わしく感じたり、SNSでの人間関係を負担に感じていることがわかります。[注3] また、SNSでは他者の投稿やコメントが容易に見られるため、他者と自分とを比較しがちになり、劣等感を感じたり、負担を感じることもあると考えられます。

### ●SNS依存

SNSの及ぼす問題として、過度に利用することでSNS依存になり、心身に悪影響が及ぶこともあります。SNS依存とは、SNSにのめり込み、使用をやめられないと感じるなど、精神的に依存した状態をいいます。ＳＮＳ依存はネット依存の一形態であり、ネット依存が生じやすいものとして、ＳＮＳの他、オンライン・ゲーム、動画サイトなどもあげられます。とりわけＳＮＳは、ただ視聴するだけでなく、相手と双方向のやりとりを行うため、途中でやめることが難しく、依存しやすくなると考えられます。筆者らの調査では、ＳＮＳの一つであるラインの使用がライン依存や精神的健康に及ぼす影響を検討した結果、ラインの使用量や使用の仕方により、ライン依存が高まり、精神的健康が低下する可能性を指摘しています。しかし、対面での関わりも併用しながらラインを利用することで、ライン依存を予防できる可能性も指摘されています。[注4] これらのことから、ライン依存は、使用量だけの影響ではなく、ラインの使い方によって、依存しやすくなることもあれば、依存を予防・低減することもできるのではないかと考えられます。

## 4　ＳＮＳとのつきあい方

これまで、ＳＮＳにおける問題をみてきましたが、ＳＮＳにより、私たちの社会生活がよりよく変容することもあります。そこでここでは、ＳＮＳとどのようにつきあっていくとよいかを三つの段階に分けてみていきたいと思います。

最初の段階として、各ＳＮＳツールの使い方や特性を理解することがあげられます。ＳＮＳには、ツイッター、フェイスブック、ラインなどの様々なツールがあり、ツールによって、使い方や特徴が異なります。例えば、フェイスブックは原則として個人や団体を実名で登録して利用されますが、ラインやツイッターは、匿名での利用も可能なツールとされています。こうした個々のツールの違いを理解したうえで、必要に応じてアカウントに鍵をかけたり、情報公開の範囲を制限するなどして、個人情報が流出しないように配慮することも必要と考えられます。

次の段階として、各ツールのメリット・ディメリットを理解することがあげられます。ディメリットとしては、先述したようなSNS疲れ、SNS依存といった問題があります。その一方で、SNSの使い方によってはメリットを得ることもできます。その一つとして、SNSを使用することで、人間関係がより豊かになり、他者との交流の可能性が広がっていくことがあげられます。

まずSNSの使用により、他者からの支援や有益な情報が得やすくなると考えられます。これは「ソーシャルサポート」とよばれ、SNSによるソーシャルサポートとして、情報提供やアドバイスなどの情報的サポート、励《はげ》ましや共感などの情緒《じょうちょ》的サポートなどがあります。

さらに、ソーシャルサポートは、受け取るだけでなく提供することも大切で、インターネット上でのソーシャルサポートの提供と受領が、現実でのソーシャルサポートの提供と受領につながるという研究報告があります。[注5] このことから、インターネット上でのソーシャルサポートが日常生活における対面でのソーシャルサポートにもつながり、日常の中でも、他者との助け合いや協力が促され、対人関係が豊かになる可能性があると考えられます。こうしたSNSのメリット・ディメリットの両面を理解することで、SNSをよりよく活用していく「リテラシー（ある分野に関する知識を活用する能力）」を身につけていくことが重要と考えられます。

そして、第三の段階として、自分の生活や対人関係を踏まえて、自分に合ったSNSの使い方を考え、実践していくことがあげられます。直子のＳＮＳの利用の過程をみると、高校生の初めの頃は、新鮮さや楽しさから、ＳＮＳを多く利用していましたが、利用が増えるにしたがって、煩わしさや疲れを感じるようになりました。そこで、利用を中断することによって、ＳＮＳの利用状況だけでなく、自分自身をも振り返る機会が得られ、自分に合った利用方法を体験的に模索し、見出していきます。ＳＮＳのよりよい使い方は、個人の価値観や生活環境などによっても異なります。そのため、自分自身の生活や対人関係を振り返りながら、利用の仕方を調整していくことが重要ではないかと考えられます。

## 5　保護者などの関わり方

ＳＮＳは幅広い世代で利用されていますが、中でも青年世代の利用が多く、とりわけ、中学生、高校生世代では、利用における問題も多くみられます。青年世代のＳＮＳの利用には、本人の注意だけでなく、保護者などの周りの大人からの支援も重要と考えられるため、ここでは、保護者等がどのような関わり方をしていけばいいかを取り上げます。

一つには、家庭で、ＳＮＳをはじめとしたネット利用について話し合い、使い方を見直したり、よりよい使い方を考える機会を作ることが重要と考えられます。学校においても、ＩＣＴ（情報通信技術）教育やＩＣＴリテラシーに関する教育はさかんに取り組まれていますが、それにあわせて、家庭でも話し合っていくことで、保護者も子どものネット利用の状況を理解していくことが大切なことと考えられます。

また、家庭でネット利用のルールを決めることも重要です。例えば、パソコン、スマートフォンの利用時間や利用場所を決める、アプリをダウンロードしたり、購入・支払いを行う際には、保護者の許可を得るなどの具体的なルールを作り、実際の生活の中で、利用の仕方を子どもと一緒に考えていくことも必要と考えられます。

## 6　インターネットのよりよい利用に向けて

本章では、ＳＮＳの利用に焦点を当てて、利用者に及ぼす影響を様々な側面からみてきました。そこで最後に、これらを踏まえて、インターネットをどのように利用していけばいいかを考えたいと思います。

第一に、インターネットをやみくもに使用せず、自分に合った使い方や必要性を考えながら使用していくことがあげられます。情報通信技術は著しい発展を続けており、今後もＳＮＳに限らず、新たなサービスやコンテンツが開発されていくことが予想されます。ただし、どんなに有益な技術であっても、使い方によっては、問題や悪影響を及ぼす可能性があり、使う側の考えや判断が重要であることは言うまでもありません。インターネットは多様な可能性をもったツールですが、問題につながる使い方を改めて、よりよい使い方を考え、実践していくことが重要と考えられます。

第二に、ＩＣＴリテラシーの向上も重要と考えられます。とりわけ、青年はインターネットの使用がさかんである反面、ネットいじめ、ネット依存、サイバー犯罪などに巻き込まれる危険性もあります。そのため、こうした問題を防ぎ、安全に利用するための知識や方法を学んでいくことが必要といえます。

最後に、インターネットは、対人関係の形成に寄与するものですが、同時に、対面での関わりも重要といえます。本章でもみてきたように、オンラインでの対人関係とオフラインでの対人関係は、相互に影響を及ぼす可能性があり、対面での関わりは、インターネットでの関わりとはまた異なる良さや味わいがあります。そうした点を踏まえて、インターネットとあわせて、対面での関わりも大切にしていくことで、より豊かな対人関係が築けるのではないでしょうか。

---

注1、注2　総務省（二〇一八）平成三〇年版 情報通信白書

注3　総務省情報通信政策研究所（二〇一六）中学生のインターネットの利用状況と依存傾向に関する調査　http://www.soumu.go.jp/iicp/chousakenkyu/data/research/survey/telecom/2016/20160630_02.pdf（二〇一九年一月二一日閲覧）

注4　桂瑠以・松井洋（二〇一八）ＬＩＮＥの使用がＬＩＮＥ依存と精神的健康に及ぼす影響――パネル調査による因果関係の検討　日本教育工学会論文誌　第四一巻 Suppl. 号　一三～一六頁

注5　宮田加久子（二〇〇五）きずなをつなぐメディア――ネット時代の社会関係資本　ＮＴＴ出版

# 第7章 いじめによる挫折と変容

●谷口 順

## 1 いじめとは

いじめには、暴力、悪口、無視、仲間はずれ、物を隠すなど、様々なことがあります。わが国では、時代の変化に即していじめの定義が修正されており、[注1]様々な教育施策が講じられています。しかし、教育を支える各方面の努力にもかかわらず、いじめの根絶には至っていません。

まず、いじめの定義についてみてみましょう。文部省は一九八一年度に、「いじめ」とは、「①自分より弱い者に対して一方的に、②身体的・心理的な攻撃《こうげき》を継続的に加え、③相手が深刻な苦痛を感じているものであって、学校としてその事実（関係児童生徒、いじめの内容等）を確認しているもの。なお、起こった場所は学校の内外を問わないもの」と定義しました。

さらに、いじめの定義は一九九四年度と二〇〇六年度にも見直されました。そして、二〇一三年度に施行されたいじめ防止対策推進法では、「いじめ」とは、「児童生徒に対して、当該《とうがい》児童生徒が在籍する学校に在籍《ざいせき》している等、当該児童生徒と一定の人的関係のある他の児童生徒が行う心理的又《また》は物理的な影響を与える行為（インターネットを通じて行われるものも含む。）であって、当該行為の対象となった児童生徒が心身の苦痛を感じているもの」と定義されています。つまり、学校がいじめの事実を確認しているかどうかは関係なくなり、いじめられた児童生徒の立場に立つ考え方に変わった、といえるでしょう。この法律ではさらに、「いじめ」の中には、犯罪行為として取り扱われる重大事態も含まれるとされています。「児童生徒の生命、身体又は財産に重大な被害が生じた疑い」があるときには、教育的な配慮や被害者の意向への配慮のうえで、早期に警察に相談・通報し、警察と連携した対応を取る必要が示されています。

文部科学省は、教員がいじめと判断して報告した件数（認知件数）を取りまとめています。最新の統計（二〇一七年度の調査）では、認知件数（国公私立における総数）は、小学校で約三一万七〇〇〇件、中学校で約八万件、高等学校で約一万四〇〇〇件、特別支援学校で約二〇〇〇件となっています。[注2]

## 2　仲間はずれによるいじめ——ある中学生（女子）の事例

当事者は中学二年生の絵里《えり》です。絵里の通っている中学校は大規模な学校で、近隣の小学校四校を卒業した生徒たちが通っていました。その中でも絵里と同じ小学校を卒業して来た生徒の人数が最も少なく、絵里は中学校に入って友達ができるかどうかが不安でした。しかし、中学一年生のときは同じような境遇《きょうぐう》の生徒とすぐに仲良くなり、その友達と一緒にこぢんまりとした文化系の部活に入って楽しく過ごしました。

そのような中、中学二年生に進級するときにクラス替えがありました。絵里はクラスや部活で仲良くなった生徒と同じクラスになりたいと思っていましたが、残念ながら願いはかないませんでした。休み時間や教室を移動するとき、さらには昼食の時間に、誰とどうやって過ごせばよいかと考えると、不安でお腹が痛くなりました。しかし、仲のよい友達と違うクラスになってしまった生徒は他にもいたようで、前の席の梨香《りか》が絵里に声をかけてきました。それをきっかけに次々と仲間が増え、五人で一緒にお弁当を食べるグループができました。梨香はしだいに、そのグループのリーダー的存在になっていきました。絵里も面倒見がいい梨香に頼るようになりました。

梨香をはじめとするグループの女の子たちは、異性やおしゃれに興味をもっていました。絵里はそういうことへの興味・関心は薄かったのですが、グループの話の輪の中にはいたかったので、なんとなく話を合わせていました。

ある日、たまたま梨香と二人だけで帰る機会がありました。そのときに梨香から、「なんか、みんなで話しているときにつまらなさそうだけど、大丈夫？　ウチらといても楽しくない？」と聞かれました。絵里は世話好きな梨香が自分のことを気にかけてくれたと思ってうれしくなり、「実はみんなの話にあまり興味がもてない」「ファッションの話についていけない」と打ち明けました。それを聞いた梨香は、「そうだったんだ……気づかなくて、ごめんね」と答えました。そこで絵里は「自分はアニメが好きなので、みんなとも、たまにはその話をしたい」と伝えました。

けれども、次の日から絵里があいさつしたり話しかけたりしても、グループの仲間から無視されるようになりました。絵里には仲間はずれにされた理由がよくわかりませんでした。梨香のことを信頼しているからこそ本音を言ったのに、そのことが大きな問題になるとは思いもよらなかったのです。独りぼっちになった絵里は休み時間に教室でどう過ごせばよいかがわからず、とても心細い気持ちになりました。

絵里にとって一番つらかったのは昼食の時間でした。教室の片隅《かたすみ》で、一人で食べるお弁当ほど惨めなものはないと思って、絵里は涙が出るのをぐっとこらえました。自分がいたはずのグループの様子をこっそり見ると、何事もなかったように楽しそうに談笑していました。それが絵里のつらさに拍車《はくしゃ》をかけ、胸がつかえてお弁当を食べられなくなり、ほとんど残す日が続きました。

帰宅すると絵里は、母親に見つからないようにお弁当の残りをこっそり片づけました。しかし何日かすると、さすがに母親に見つかり「どうしたの?」と聞かれました。絵里はとっさに「昼休みに部活の集まりがあって、ゆっくり食べる時間がない」と取り繕《つくろ》いました。母親は絵里の様子がいつもと違うと感じましたが、中学生とはそういうものなのかと思い直し、その後はなるべく一口で食べられる物をお弁当に入れるようにしました。絵里は毎朝、学校に行かなければならないと思う度にお腹が痛くなりました。けれども、母親の期待に応えるために、それでも何とか重い体を引きずって登校しました。

そんなある日の放課後、絵里は梨香をはじめとするかつての仲間から昇降口に呼び出されました。そして、「もう学校、来なくていいよ」「帰れ」と言われました。絵里は心に大きなダメージを受け、次の日から学校に行けなくなりました。かつて仲間と思っていた人たちに、ひどく悪意のある言葉をぶつけられたのですから、学校にはもう自分の居場所はないと思いました。絵里は自分が「クラスには不必要な人間」というレッテルを貼られた気がしたのです。

しばらくして、不登校になった絵里を心配したクラス担任が絵里の家を訪ねてきました。そこで絵里の母親は、絵里が独りぼっちで食事をとらざるをえない状況を負担に感じていると話しました。クラス担任は、昼食の時間のグループ活動のあり方を改善すると約束しました。学校に帰ったクラス担任はスクールカウンセラーと相談し、どのようなやり方がよいかを検討しました。その結果、気の合う生徒同士でお弁当を囲むのではなく、教室の席順をもとに作られた六人一組の班で食べる方法に変更しました。

昼食時の活動形態が変わってから、絵里の気持ちはだいぶ楽になりました。少しずつ登校ができるようになり、昼食もとれるようになりました。クラス担任の配慮によって昼食以外の学習活動も、席順をもとにした班を中心として行われるようになりました。そして絵里と、梨香を中心としたいじめグループとの距離はだんだんと遠のいていきました。新しい友達もでき、表面上は問題なく過ごせるようになりました。

しかし、いじめによって深く傷ついた絵里は、友達の前で自分を出せなくなりました。ありのままの自分を受け入れてもらうことは難しいと思い込み、新たに入ったグループでも、影響力をもった生徒に追従するようになったのです。

不登校になった絵里を心配していたクラス担任は、その後の話を聞こうとしたり、スクールカウンセラーと話すことを勧めたりしましたが、絵里は「大丈夫です」と断りました。大人に相談することを告げ口と誤解されると恐れたことが、クラス担任の厚意を断った理由でした。

その後、絵里は高校に入学しましたが、相変わらず人がどう思っているのかが気になり、友人関係では常にビクビクして、周りに同調して過ごしました。そんな毎日に気疲れすると腹痛を起こすこともありましたが、欠席はせずに通学しました。そして、自分を出すことができないまま高校の三年間を終えました。

高校を卒業すると絵里は、親元を離れて他県の大学に進学しました。一人暮らしを始めて心細くなり、大学生活への不安を感じたため、思い切って学生相談室を訪ねました。そこでカウンセリングを受けはじめたことは、絵里の転機となりました。ありのままの自分に向き合い、自分の個性を認めることで、いじめを受けて以来失われていた自信が戻ってきたのです。

また、クラスで何でも話せる友達と出会ったことも幸運でした。その友達とは大学の同じサークルに所属しており、感じ方・考え方がよく似ていました。そのため、余計な気遣いをすることなく楽しく過ごすことができました。絵里は悩んだ末にその友達に、自分がいじめを受けて不登校になったことを明かしました。そして、つらい気持ちを受容してもらう体験を経て、少しずつ自然体でいられるようになりました。大学生活も残り少なくなった今では、人目を極端に気にしたりせず自由でいられる自分を大事にしたいと感じています。また、自分の周囲の人がいじめに悩んでいるならば、手をさしのべようと思っています。

## 3　いじめの背景にある思春期の仲間集団

中学生や高校生はほとんどの場合、クラスの特定の仲間集団に所属し、自分が所属する集団の成員とともに諸活動を行っています。けれども、一見すると和気あいあいとした仲間関係に思われても、実はグループ内の力関係にもとづいた束縛が強く、相互に尊重し合った関係が形成されていないことも多くあります。

言い換えると、中学生・高校生の段階では、仲間集団の中で、「気の合わない人」「面白くない子」と評価され、仲間はずれにされることを恐れて、所属する集団に一体化しようとする傾向がみられます。そのため、いつも決まったグループで固まって過ごし、楽しげにふるまいながらも、実際は常に友達に気を遣い、自分の本音を伝えられない不満を抱えていることも多いのです。

とりわけ中学生の仲間集団では、集団のすべての成員が「同じ」であることを求めすぎる傾向があります。したがって、仲間集団のある成員にその集団の特性と異なる部分が少しでもあると、その成員を集団から追い出そうとするのです。異質な誰かを仲間はずれにすることによって、その集団のつながりは深まります。第2節で示した事例では、絵里は異性やおしゃれに関心をもった集団の中で少し特異な存在と映っていたと思われます。そして、絵里が梨香に対して、それらの事柄に興味がないと率直に伝えたのを契機に、「ウチらとは違う子」というネガティブな評価が強まり、いじめが始まったと考えられます。

心理学者エリクソンは、青年期には、内集団と外集団の対立の中で自分について振り返り、アイデンティティ（自分らしさ）を確立していくと考えています（第1章参照）。内集団とは自分が所属意識をもっている集団であり、外集団とは自分が所属する集団とは異なる集団です。中学生・高校生は子どもと大人の狭間で心理的にゆれているので、内集団への所属意識を強めることで落ち着きを取り戻そうとする面があります。また、各成員の内集団への愛着が深まり内集団の結びつきが強まると、外集団への敵意や対抗心が強まります。つまり中学生・高校生は、いじめにつながりやすい心の特質をもっているのです。なお、成長にともなって、自分がどのような人間なのかがわかってくると、前述のような傾向は弱まります。

また、ニューマン夫妻は、青年期前期の仲間集団は、そのメンバーになることをとおして、青年に自分には価値があるという感情をもたせて、孤独から守ってくれると考えています。そして青年の家庭や自分自身に葛藤が生じた場合でも、青年は仲間たちに対して親密さを求め慰めを求めることができるとしています。しかし、青年が仲間集団との親密さをとおして、このような恩恵を受けるためには、自分の個性のうちのある部分を抑えて、仲間と共通している部分を強調していくことに喜びを見出さねばならないと述べて、集団所属の恩恵《おんけい》とその対価として支払わなければならない集団への同調の問題について触れています。集団からの同調圧力と個人的価値との葛藤をうまく調整することは、その後の集団所属においても必要とされる能力であり、そのためにもこの時期の仲間集団での体験が大きな意味をもつとしています。[注3]

## 4　昼食場面におけるいじめのつらさ

第3節で述べたように、中学生・高校生は学校で孤独になることを極端に恐れたり不安に思ったりすることがあります。そのため、身体的暴力や言葉による攻撃を受けることだけでなく、集団から意図的にはずされることも大きないじめに発展しうるのです。特にわが国の学校文化の中では、昼休みに一人で食事をすることへの抵抗感が生じやすく、集団によるいじめに結びつきやすいと思われます。

「ランチメイト症候群」という言葉をご存じでしょうか。この言葉は、精神科医の町沢静夫《まちざわしずお》によって提唱されたもので、学校や職場で一緒に食事をする相手、つまりランチメイトがいないことに、強い恐怖を覚える現象を指しています。[注4] 授業場面とは異なり昼食の場面では、それぞれの生徒の人間関係のあり方が一目瞭然にわかります。そのため中学生・高校生は、一人で孤独な昼食をとるのか、大勢の友達に囲まれて楽しく食事をとるのかによって、人間の価値が決まると思い込むこともあります。したがって友人関係に特段の問題がない生徒でも、昼食の時間の過ごし方についてはかなり敏感になるのです。

これらの事柄を踏まえると、いじめによって仲良しグループからはずされ、お弁当の時間を孤独に過ごさざるをえなかった絵里は、耐えがたい苦痛を味わったと思われます。第1節で示したように、様々ないじめがありますが、昼食時間にはずされるといういじめがきっかけで、不登校に陥るケースは決して珍しくないのです。

## 5　身近な支援者がいじめのサインに気づくことの重要性

現代のいじめの構造は複雑化・潜在化しており、第三者には見えにくいという特徴があります。しかし、いじめを受けている生徒は何らかのサインを発していることが多いのです。例えば絵里は、最初はお弁当を残すという小さな問題を呈しました。けれども、いじめの問題がなかなか解決されなかったので腹痛が始まり、最終的には不登校に陥りました。

いじめの問題解決を図るためには、いじめの兆候を早期に発見し対応することが重要となります。親や教師などの支援者が、いじめはどの子にも起こりうるという認識をもち、子どもの日常生活を温かく見守る姿勢が不可欠です。早期発見・早期対応のためには、支援者が、常日頃から「弱い者をいじめることは絶対に許さない」という意識をもつことも大切となります。子どもの日頃の様子を観察し、いつもと違うことがあれば、「何かあった？　何か困っていることがあれば力になるから、いつでも話してね」と声をかけ、何かあったときに話しやすい雰囲気《ふんいき》を作っておくことが重要です。

さらに、いじめの実態はつかみにくいので、クラス担任、学年主任、教科担当者、部活動顧問、スクールカウンセラーなどの複数の支援者が、生徒の人間関係の変化や仲間意識のあり方に関心を向け、情報共有を行うことが欠かせません。一歩踏み込んで、クラス担任が生徒の生活やいじめについてのアンケートを行うなど、養護教諭やスクールカウンセラーなどの学校内の専門家と協力して状況把握に努めることも大切です。

いじめの事実を把握した際には、親、教師、教育委員会が連携・協働することが重要となります。いじめの被害者と加害者の親同士が話し合うことも大切ですが、関係者全員（被害者の親、加害者の親、学校の校長やクラス担任など）で話すことのほうが望ましいといえるでしょう。また、常にいじめられる側の立場に立って指導・助言を継続的に行う姿勢が重要となります。

## 6　いじめによる挫折から立ち直るための最終地点はどこなのか

第2節の事例を振り返ると、いじめをきっかけとした不登校の問題が解決しても、絵里は友人関係の中でありのままの自分を出すことができず、心の傷を抱え続けていました。絵里が中学時代のいじめから立ち直ったきっかけは、大学に入学し、本音を伝えても友達に拒否されず、受け入れられた経験をしたことにありました。先述のように、いじめによって受ける心の傷は重大であり、その傷を癒やすためには時間がかかるのです。友人関係での人間不信を払拭《ふっしょく》し、自己肯定感を高める経験を積み重ねることが、いじめによる心の傷を癒やすうえで重要になると考えられます。

注1　文部科学省ホームページ　http://www.mext.go.jp/component/a_menu/education/detail/_icsFiles/afieldfile/2018/08/20/1400030_003.pdf（二〇一九年五月一日閲覧）

注2　文部科学省初等中等教育局児童生徒課（二〇一八）平成二九年度 児童生徒の問題行動・不登校等生徒指導上の諸課題に関する調査結果について

注3　善明宣夫（二〇一五）いじめの心理と発達　関西学院大学教職教育研究センター紀要　第二〇号　二一～二八頁

注4　町沢静夫（二〇一三）なぜ人は心が疲れてしまうのか　ＰＨＰ研究所

# 第8章 不登校における挫折と変容

●橋本和幸

## 1　不登校とは

### ●不登校の定義と人数

不登校とは、文部科学省の調査[注1]では、「何らかの心理的、情緒的、身体的あるいは社会的要因・背景により、登校しないあるいはしたくともできない状況にあるために年間三十日以上欠席した者のうち、病気や経済的な理由による者を除いたもの」と定義されています。かつては「登校拒否」とよばれていましたが、一九八〇年代に「不登校」に改められました。これは、学校に行かない子どもたちは、積極的に学校を拒絶している人ばかりではないことが考慮されています。

最新の統計（二〇一八年度の文部科学省の調査[注2]）では、日本の不登校児童生徒数は、小学校で約四万四〇〇〇人、中学校で約一一万九〇〇〇人、高校で約五万二〇〇〇人いるとされています。つまり、小学生の一四四人に一人、中学生の二七人に一人、高校生の六二人に一人が不登校ということになり、特別に珍しいものではありません。

## ●不登校の歴史

日本では、一九六〇年代に「学校に行かない子どもたち」が話題になりはじめました。当時は母子分離不安（子が母と離れる不安と、母が子を離す不安）が注目されて、不登校の要因は、主に子ども個人や家庭の問題と考えられていました。それが一九七〇年代になると、不登校の人数が増加したため、子ども個人に原因があるという見方だけではなく、学校教育の問題として取り上げられるようになりました。例えば、受験体制ばかりに目を向け、子どもの成長や発達に沿わない学校への抵抗として学校に行かない子どもがいるのではないかと考えられました（例：勉強ができる子ばかりではない。学校の望む姿に合わないことがつらい）。さらに、一九八〇年代にも不登校者数は引き続き増加して、一万人超となりました。そして、一九九〇年代初めには、六万人超となり、一九九二年の文部省初等中等教育局長通知には「不登校は誰にでも起こる問題である」と書かれました。二一世紀に入ってからは、二〇〇二年には小・中学校で一三万九〇〇〇人を突破し、二〇〇四年には高校の調査が開始され、小学校に約二万三〇〇〇人、中学校に約一〇万人、高校に約六万七〇〇〇人いることがわかりました。以降、高校以外は年々不登校者数が増加して現在に至ります。

## ●不登校の要因

先ほど示した文部科学省の調査では、不登校の要因として、友人関係、家庭状況、学業不振、本人の不安・無気力、教職員との関係、入学・転編入学・進級時の不適応、本人のあそび・非行の傾向、進路に係る不安、学校のきまり、クラブ活動・部活動への不適応などがあげられています。

このように、不登校の要因や背景には様々なものがあるので、こうすればよいという解決方法があるわけではなく、原因や状態に合わせた対応が必要になります。

## 2 学校と家庭をつなぐ緩衝地帯――ある中学生（女子）の別室登校の事例

不登校の生徒およびその保護者が相談に訪れて、支援を受けて、状況が変化するプロセスを、事例をもとに紹介したいと思います。

＊＊＊

当事者は中学校に通う真子《まこ》で、相談に来たのは主にその母親でした。真子は中学校二年のときに突然学校に行かなくなりました。理由を聞いても真子は何も語りませんでした。あせった母親は、教育委員会の教育相談センター[注3]に連絡をして、相談を申し込みました。母親は相談員が落ち着いて丁寧に相談に応じてくれたことに好感をもち、真子を相談センターに連れて行きたいと思いました。それで真子に勧めたのですが、拒否されました。母親はがっかりしてあせりを隠せませんでした。これに対して、センターの相談員は、真子がその気になることを待つように、面接で母親を落ち着かせようとしました。

その後、真子は学校には行かないものの、休日や平日の夕方などには母親と一緒に買い物やレジャーに外出できるようになり、楽しそうに過ごすようになりました。母親はその様子をうれしいと思う一方、「ならば、なぜ学校には行けないのだろう」とあせるようになりました。そのあせりが抑えられなくなり、真子を教育相談センターに連れて行こうとしました。すると、真子はみるみる顔色が曇り泣き出してしまいました。

この一件以来、真子は、自分が相談センターに行くことはもちろん、母親が相談センターに行くことも激しく拒否するようになってしまいました。しかし、母親は他に頼れる人や場所もないので、真子には秘密にして相談センターでの相談を継続しました。

●母親単独面接

母親は週に一回のペースで面接に訪れました。この時期の面接では、相談員は主に母親と真子のやりとりや対応を聴きました。そして、母親自身の対応でうまくいったところをフィードバックしました。母親は相談員に丁寧に耳を傾けてもらい、よかったところをフィードバックしてもらうことで、わが子の登校をあせる気持ちが少しずつ落ち着いてきました。相談員はしだいに母親の対応の長所と短所の両方に触れるようになりましたが、母親はそうした対応にも嫌な気持ちにならず、自分自身の課題が明確になっていくように感じました。

さらに、相談員は継続して面接に取り組む母親の努力をねぎらい、父親はどう考えているのか尋ねました。すると、母親は「夫は『子育てはお前に任せている』と言うだけで、協力してはくれない」

と不満をもらしました。

相談員は、子どもの変化には両親が同じ方向をめざして協力することが大切であると考え、保護者面接に父親にも来てもらうことを提案しました。これに対して、父親は相談員から批判されるのではないかと警戒して来所を渋《しぶ》りましたが、相談員の繰り返しの呼びかけに応じました。

母親と一緒に来所した父親に対して、相談員は平日に休みをとって来所してくれたことをまずねぎらい、続いて両親が同じようにあせらずに真子の取り組みを見守ってほしいと依頼しました。母親と父親は、相談員が厳しい言葉をかけるのではないかと想像していたので、ともに相談員の意外な言葉に驚きましたが、とにかく真子の動きを見守ってみようということになりました。

この結果、母親は真子に学校のことを極力話さないようになりました。

### ●別室登校への移行

一ヶ月半ほど経ったところで、真子は自分から「教室に入らないでいいなら学校に行けるかもしれない」と母親につぶやきました。母親は真子から学校の話題が出てきたことに驚きましたが、一方でそんなわがままを学校が許してくれるわけがないと思い、そのつぶやきを無視してしまいました。しかし、気になったので相談員に真子の話したことを伝えてみました。

すると、相談員はあっさりと「それはよい変化です。真子さんの意思を確認したうえで、担任の先生に相談してみるとよいですよ」と言いました。そして、そのように教室に入れない場合に学校の保健室や会議室などに登校することを「別室登校」と言い、他の学校で行われた例があることを教えてくれました。母親はその言葉に勇気づけられて、早速真子の意思を確認してみると、真子も乗り気の返事だったため、担任に連絡をしました。すると、学校からは会議室ならばいてもらうことができるという提案が返ってきました。

ところが、いざ学校に行くときになるとやはり不安な気持ちがわいてきて動くことができませんでした。そして、「お母さんも一緒に学校にいてくれれば、行けるかもしれない」ともらしました。母親は別室登校もできなかった真子にがっかりして、このことを相談員に話しました。すると、相談員はまたもあっさりと、「別室登校に母親も付き添えないか、学校に相談してみたらよいですよ」と言ってきました。母親は、どういう話にでも落ち着いて聞いてくれて、一人で抱えずに相談してくださいという相談員の態度に触れているうちに、自分の気持ちも落ち着いてくることを感じました。

学校は母親の同室も許可してくれたため、母親が付き添って週に二、三日くらいのペースで会議室に通うようになりました。初めは、母親と二人で過ごすだけでしたが、しだいに担任ら教員たちが授業のない時間に顔を出してくれるようになりました。真子は母親がいてくれる安心感から、教員たちとも落ち着いて話すことができて、学校にいる時間も少しずつ伸ばせるようになってきました。

一ヶ月ほどすると、母親は担任から「同級生の何人かが、真子が学校に来ているならば会いたいと申し出てきました。どうしますか？」と相談されました。母親は真子を気にかけてくれる同級生がいることをうれしく思いながらも、真子の反応が気になってしまいました。相談員に話すと、「真子さん本人に聞いてみるとよいですよ」と助言してくれました。その言葉に勇気づけられた母親が真子に聞いてみると、真子は喜んで「会いたい」と返事しました。

真子と同級生たちは再会を喜び合い、同級生たちは休み時間や昼食時間を一緒に過ごしてくれました。こうした様子を見た母親は安心しました。ある日真子は「学校まで送り迎えをしてくれれば、学校には一人でいられる」と言ってきました。母親は突然の申し出に驚きましたが、わが子の決断を受け入れました。相談員はそれまでの母親の努力をねぎらいました。

### ●教室へ

夏休み明け数日は別室登校でしたが、真子は同級生に誘われて一度教室に行ってみました。すると、その後はそのまま教室にいられるようになりました。そして、しばらく授業を受けていなかったため心配だった定期試験も、教室で受けることができて、しかも思った以上に正解することができました。この結果に、真子は自信をもつことができるようになりました。それで母親も安心できました。

母親からの報告に相談員は喜んでくれて、それ以後は「何かあったときのために、念のため」ということで、月に一回程度のペースでの面接を提案してくれました。

このフォローアップの面接では、真子が母親に語る学校での過ごし方や高校進学後の夢など近況報告が話題の中心であり、不登校の不安はほとんど語られなくなりました。

そして、無事に希望する高校に合格したため、母親との相談を通した真子への支援が終わりになりました。

## 3　挫折のきっかけと変容・立ち直りの過程

この事例のように、何が問題で不登校になったかわからないケースも珍しくありません。しかし、学校に行くことができない事実には本人自身も傷ついていますし、子どもがそうなっていることや、それに対して何もできないことなどに保護者も傷ついています。

この事例の意味は、保護者への支援と当事者本人への支援という二つのプロセスから考えることができます。

### ●保護者への支援

まず、保護者への支援からみていきます。相談に来た母親と相談員が、子どもの不登校という問題を「ともに考える関係」を築きながら、面接を進めていったことで事態が変化したと考えられます。つまり、面接を通じて保護者としてできることを見つけていき、保護者が「エンパワメント（力づけ）」されたものと考えられます。

具体的には、まず相談員は保護者が語る話を遮ったり批判したりせずに耳を傾けました。このように保護者にペースを合わせることで信頼関係を結びます。そして、「相談に来た人は自分なりにがんばってきた人である」という視点で、保護者をねぎらっています。ねぎらうことで保護者を力づけます。そのうえで、本人や学校への対応方法などを、必要に応じて助言しています。

### ●当事者本人への支援

次に、当事者本人への支援をみていきます。この事例では、学校には来たけれども教室には入れない生徒のために、学校内の会議室が提供されました。このような支援には、学校から居場所がなくなりそうな生徒を学校につなぎとめる意味があります。そして、生徒は自分なりの努力を支持されたと感じたものと思われます。

また、生徒のペースに合わせながら、少しずつ会議室内に教員や同級生がやってきて会うことができたという体験により、学校内に自分を支えてくれる人がいることを実感できたことも学級復帰を助けることになりました。こうした動きが起こったのは、生徒が学校からの提案を受けて、教員や同級生と会ってみようという「選択と決断」をする勇気がもてたためと推測されます。

## 4　具体的支援の方法

### ●支援の種類

不登校への支援には、学校内で行う方法と学校外で行う方法があります。学校内の支援には、部分登校、別室登校、保健室登校、相談室登校（スクールカウンセラーによる）があります。学校外の支援には、教育相談機関、適応指導教室（教育支援センター）、児童相談所などがあります。支援対象は、当事者本人はもちろん、保護者も含まれます。そして、保護者しか来談しない面接でも効果はあります。

## 大人が心がけること

最初に説明したとおり、中学校の場合、統計上は一クラスに一人以上の不登校の生徒がいます。担任が自分だけで抱えることは難しいことです。しかし、担任が次のことを心がけると、当事者は救われるのではないかと思われます。

・安易に励まさないこと。
・本人や保護者・家族を安心させること。
・頭ごなしに叱らずに、何が起きたか考えてみること。
・自尊感情が傷ついていることを念頭に置くこと。

## 第二の学校を確保する必要

不登校の支援は、学校復帰が望ましいですが、どうしてもそれが難しい場合は、家庭と学校の中間の場所を確保する必要があります。例えば、小・中学生の場合は、適応指導教室（教育支援センター）やフリースクールがあります。中学校卒業後の進学先としては、サポート校や技能連携校があり、家から出られない引きこもりの場合には、電子メール、ＳＮＳ、動画、スカイプなどのＩＣＴ（情報通信技術）の活用があります。

## 5　挫折を乗り越えるための心の作業の道筋

学校には、小学校、中学校、高校、大学・短大・専門学校と複数の学校種があります。人間の心はいつも同じではなく、成長によって変化しますし、環境の影響も受けます。そのため、以前の学校段階ではうまくいっていても、新しい学校段階ではつまずくこともあります。一方で、今の学校段階でうまくいっていなくても、次の学校段階ではうまくいくこともあります。さらに、今は学校の形態も様々なものがあります。本人の能力や関心、家庭の経済状況などに応じて、自分に合った学校を選ぶことができればよいと思います。みんなが行く学校に同じように行かなければならないのではなく、自分が行ける学校や行きたいと思える学校をオーダーメイドの感覚で見つけようとする姿勢こそが、不登校の挫折を乗り越えるための心の作業の活性化につながると考えられます。

---

注1　文部科学省初等中等教育局児童生徒課（二〇一八）平成二九年度 児童生徒の問題行動・不登校等生徒指導上の諸課題に関する調査結果について　http://www.mext.go.jp/b_menu/houdou/30/10/1410392.htm（二〇一九年八月三日閲覧）

注2　文部科学省初等中等教育局児童生徒課（二〇一九）平成三〇年度 児童生徒の問題行動・不登校等生徒指導上の諸課題に関する調査結果について　http://www.mext.go.jp/b_menu/houdou/31/10/_icsFiles/afieldfile/2019/10/17/1410392.pdf（二〇一九年一〇月三〇日閲覧）

注3　都道府県・市区町村の教育委員会が設置している相談機関で、教育の専門家である指導主事や心理職がいて、学齢期の子どもやその保護者、学校や教員の相談に応じてくれます。

# 第9章 学業不振による挫折と変容

●伊藤 愛

## 1 学業不振が学生に及ぼす影響

「学生の本分は学業である」という言葉を、みなさんも目や耳にしたことがあると思います。この言葉のとおり学生、特に中学生・高校生にとって、学業とは生活の中心的な部分を占めるものであり、そこでの挫折は、彼らの中で大きな意味をもつと考えられます。学業の挫折である学業不振とは「普通あるいはそれ以上の学習能力（多くは知能であらわす）をもちながら、それに相応した学業成績をあげることができず、しかもその学業成績が同年齢群に比してかなり劣るものをいう」とされています。[注1] 一九八〇年代までは、学校の勉強が嫌いなことや、家庭に学習環境がないことが原因とされてきましたが、一九九〇年代以降は、発達障害が背景にあるのではないかと考えられるようにもなってきました。

中学生・高校生が多くの時間や労力を費やす学業において、その成績が周囲から著しく劣るということは、彼らにとって大きな挫折となると思われます。自分と周りとを比べて自信をなくし、不登校や非行などの二次障害（もともとの障害が長引くことにより、副次的に出現する問題や症状）に発展するケースも少なくありません。不登校の要因に関する調査[注2]によると、小・中学生の不登校の一九・九％は、学業の不振が要因の一つであるという結果になっています。また、高校生の不登校においても、一九・〇％が同様であるとの結果が出ています。筆者が今までお会いしてきた相談者の中にも、学業不振から学校に行きづらくなった方や、学習の遅れがネックとなって教室に復帰することが難しいという方が、たくさんいました。

## 2　勉強のつまずき、どうしたらいいかわからない——ある中学生（女子）の事例

久美子《くみこ》は、中学一年生の一人親家庭で育った女子です。久美子が小さい頃に父親が病気で他界し、母親が仕事をしながら久美子たちを育ててくれました。長女である久美子は、そんな母親を助けようと、妹たちの世話や家事の手伝いを積極的に引き受けてきました。小学生の頃から勉強は苦手でしたが、授業中に困っていると担任の先生が気づいて助けてくれましたし、仲のよい友人たちにも恵まれて楽しく学校生活を送っており、大きく困ることはありませんでした。

そんな状況が一変したのは、久美子が中学生になったときでした。小学校での生活とは違い、中学校では授業のスピードが格段に速くなりました。一つわからないことがあって立ち止まっている間にも、授業はどんどん先に進んでいってしまいます。教科ごとに担当する先生が代わるため、内気な久

美子は、わからないことがあっても先生に質問することができませんでした。また、小学校のときは内容が指定されていた宿題も、中学校では自由度が増し、何をどのように勉強するのか自分で考えなければなりませんでしたが、久美子は塾にも通っていませんし、母親に相談する時間もなかなかありませんでした。ちょっとのつまずきがきっかけで、久美子はあっという間に授業の内容についていけなくなりました。

そんな中、初めて受けた定期考査で、久美子は自分の得点の低さに愕然《がくぜん》としました。恥ずかしくてたまらなくなり、誰にも見られないように慌ててテスト結果をかばんの中にしまいました。家に帰っても、母親に見せることができず、本棚の奥にそっと隠しました。あせりを覚えた久美子は、何とかみんなに追いつこうと、これから必死になって勉強しようと決めました。しかし、何から手をつければよいのかわからず、気持ちばかりが先走って、思うように成果が上がりません。〝何で私はこんなに勉強ができないんだろう〟〝どうしてみんなと同じようにできないんだろう〟と、久美子は思い悩むようになりました。そして、努力の甲斐《かい》も空しく同じような状態が続くうちに、〝どうせ私なんか……〟〝やったって無駄だ〟という気持ちがしだいに強くなっていき、〝がんばろう〟という気力すらわかなくなっていきました。

二度目の定期考査が始まる日の朝、久美子はいつものように学校に行こうとしましたが、お腹が痛くて動けなくなり学校を休みました。母親が学校に欠席の連絡を入れた後は不思議と腹痛が治まりましたが、翌日のテストのことを考えると憂うつな気分になりました。そして翌朝、また腹痛がぶり返し、学校に行くことができませんでした。

久美子の様子が気になった母親は、その日、仕事を早く切り上げて帰宅し、久美子に話を聞きました。久美子は、これまで誰にも言えずに胸に抱え込んでいたあせりや不安や絶望感を、泣きながら母親に話しました。

母親は、久美子の話を、時折うなずきながら黙って最後まで聴き、「今までつらかったね」「一人でよくがんばったね」とねぎらいの言葉をかけました。そして、「これからどうしていけばいいか、お母さんも一緒に考えるよ。ただ、お母さんだけでは勉強のことはよくわからないから、久美子さえ嫌じゃなければ、先生にも相談に乗ってもらおうと思うんだけど、どうかしら?」と提案しました。久美子もそれを承諾し、早速、担任の先生に相談することにしました。

担任の先生は「最近の久美子さんの様子が気になっていた」と言いました。そして、先生の申し出により、母親を含めた面談にはスクールカウンセラーも同席することとなりました。先生もカウンセラーも、久美子親子の話を丁寧に聞いたうえで、授業や宿題の取り組み方に関する、いくつかの新しい試みを提案しました。それと同時に、久美子に合った勉強の仕方や指導方法について、より詳しい助言をもらうために、地域の相談機関でさらに専門的な相談をすることができると付け加えました。

紹介された相談機関では、担当の相談員が、挫折による傷つきから自尊心や意欲を失っていた久美子の心情に共感を示し、解決に向けて歩み出せるよう寄り添ったうえで、個別面接や周囲からの聴き取り、専門的な心理検査を行うなどして、現在の学力や潜在能力、久美子に適した学習方法を把握していきました。

地域の相談機関の助言をもとに、学校では、授業を担当する先生たちが、久美子にとってわかりやすい工夫を心がけるようになりました。久美子自身も、〝質問することは恥ずかしいことではない〟と考えを改め、自分から先生たちに質問するようになりました。また、校内にある教室で、週に二時間ほど個別授業を受けはじめました。さらに、家庭でも協力が得られるようになりました。自治体の援助を受けて塾に通いはじめた久美子を助けるために、塾に行っている間は、妹たちが家事を手分けして手伝うようになったのです。

その後の定期考査で、久美子は、母親や先生たちと相談してある目標を立てました。それは、周囲と比べた高い到達基準ではなく、今の久美子ががんばれば手の届きそうな到達基準でした。久美子はみごとその目標を達成し、これまでのことを振り返って〝スモール・ステップでやれば私もできるんだ〟という小さな自信をもつことができるようになりました。

このような日々を積み重ねて、久美子は中学三年生になりました。その頃には、〝自分は決して学業優秀な人間ではないけれども、世話好きなところがあるので、保育士になりたい〟という夢をもつようになりました。それは、授業の一環として職場体験のために訪れた保育園での出来事がきっかけでした。ふだんから妹たちの面倒を見ている久美子は、小さな子の世話が上手で、園児たちにとても慕われましたし、園児たちと接する時間を心から楽しんでいる自分にも気づいたのです。そしてさらに、〝自分の夢をかなえるために、高校にも行きたい〟と、前向きに考えるようになりました。久美子は、新たな目標に向かって歩みはじめたのでした。

## 3　学業不振の背景にあるもの

ではここで、学業不振の原因として考えられるものについてまとめてみましょう。

一つ目に、身体の問題があります。軽度の視力・聴力・運動機能障害や病弱で学校を欠席しがちな場合などがこれに当たります。近年、若年層への広がりが著しいスマートフォンやタブレット端末の長時間使用、イヤホンによる大音量での音楽鑑賞から来る視力・聴力の低下は、多くの方にとって身近な問題ではないでしょうか。

二つ目に、心理的な問題があげられます。やる気が出ない、気分のムラが大きい、不安が高い、引っ込み思案でSOSが出せない、劣等感が強い、何かしらの悩みを抱えているなど、個人の性格傾向や意欲・情緒の問題がこれに当たります。

三つ目に、環境の問題があります。交友関係や教員との関係、家庭状況などがここに含まれます。アイデンティティの確立が未熟である中学・高校時代は、友人や仲間集団と足並みをそろえることを強く意識する傾向にあります。そのため、友人との関係を優先させ、学業に集中できないこともあるでしょう。家庭状況においては、親子関係の問題や家庭の文化的背景、経済格差の問題などが要因として考えられます。ちなみに、現在では子どもの七人に一人が貧困家庭となっています。[注3]

四つ目は、一九九〇年代以降注目されるようになった、発達障害との関連があげられます。落ち着きのなさや注意集中の問題をもつＡＤＨＤ《エーディーエイチディー》（注意欠如《ちゅういけつじょ》・多動症《たどうしょう》）、コミュニケーションの苦手さや興味関心のかたよりのあるASD《エーエスディー》（自閉《じへい》スペクトラム症《しょう》）、ある特定の分野における学習の著しい困難さが特徴のLD《エルディー》（学習障害《がくしゅうしょうがい》）などが、これに当てはまります。専門医の診断を受けている方だけでなく、似たような傾向をもっていたり、認知機能（見たり聞いたりした情報を、脳で整理する一連のプロセス）に特有のクセがある場合も、学業不振につながる可能性があります。

## 4　学業不振による挫折からの立ち直りに必要な四つのこと

学業不振による挫折から立ち直る過程は、まず、現状と向き合い、それを認めることから始まります。これが一つ目に必要なことですが、久美子は、最初の定期考査の結果を恥ずかしいと思い、母親にすら隠し、誰にも相談しませんでした。しかし、一人で抱えているだけでは解決しない問題が、人生においてはたくさんあります。勇気がいることではありますが、自分の置かれている状況から逃げずに正面から見つめ、信頼できる誰かに〝困っている〟と打ち明けることが、立ち直りのスタートラインに立つこととなります。そしてこの一歩は、立ち直りのためのとても大きな一歩となります。

人間はうまくいかないことがあると、どうしても自分の短所や否定的な側面ばかりに目がいきがちになります。でも、うまくいっていないのは、その人のほんの一部分にすぎません。すべてがうまくいっていないわけでもなければ、よいところが何もないわけでもありません。誰にでも、長所と短所、得意なことと苦手なことがあるのです。このように、否定的な側面だけでなく肯定的な側面も含めた、ありのままの自分に気づいて受け入れることで、苦手なことにも挑戦しようという力がわいてきます。

学業不振を抱える中学生・高校生が挫折から立ち直るために必要な二つ目のことは、多面的に、そして客観的に、自分がつまずいている状況を分析し、捉え直すことです。捉え直した情報をもとに、どんな学習課題に、どのように取り組めばよいかについて考え、スモール・ステップの原理に基づいて作戦を立てていきます。

スモール・ステップの原理とは、心理学者スキナーが提唱した学習方法です。具体的には、学習内容を細分化《さいぶん》化して、ちょっとがんばればできそうな、具体的な目標を立てて、その達成に向けた実践を行い、一つの目標をクリアしたら、また次の目標に取り組み、徐々に最終目標に到達しようとする学習方法を指しています。もし、誰かサポーターが必要な場合には、そのサポート内容について事前に打ち合わせておくとよいでしょう。少しずつステップアップしていく達成感は、やる気やおもしろさにつながります。そして、成功体験の積み重ねから、〝スモール・ステップでやれば自分もできるんだ〟という感覚をもつことができれば、苦手意識は弱まり、自己肯定感は高まり、この先自分で問題を解決していく際のヒントにもなります。これが三つ目に必要なことです。久美子は、母親・学校の先生方・スクールカウンセラー・地域の相談機関の相談員・塾の先生の力を借りながら、この作業を行っていきました。

学業不振による挫折からの立ち直りの過程において、苦手な内容の克服と並行して大切なポイントがもう一つあります。それは、自分の強み・趣味・得意なこと・興味のあることを伸ばしていくことです。これが四つ目に必要なことであり、そのような取り組みによって、自信や心のエネルギーは高まりますし、将来の夢や職業選択につながる可能性も秘めています。

例えば、日頃から、母親の手伝いをしながら妹たちの世話をしてきた久美子にとって、小さな子と関わる仕事は、自然と身近なものに感じられたのでしょう。苦手な勉強に取り組んで自信を取り戻し、心の余裕ができはじめた久美子は、自分の長所についても考えた結果、保育士になる道を選びました。他人より優れていることや人と比べて自慢できるような事柄を探すのではなく、自分自身の本来の適性や関心を見極めるという視点を忘れないことはとても大切です。言い換えると、苦手意識のできる限りの解消と強みの発見・伸長は重要であり、この両輪をうまく回していくことが、学業不振の挫折から立ち直るためのコツとなります。

## 5　支援者ができることと具体的な支援の例

学業不振による挫折に苦しむ中学生・高校生に対して、保護者や教員などの支援者はどのように関わっていけるとよいでしょうか。具体的な支援の方法には、日々の授業や家庭学習の中でできる学習方法や指導方法の工夫、専門の教員による教室内での入り込みの指導、授業中の取り出しや放課後の時間帯を使った個別指導、塾など学校以外の学習の場の利用に対する援助などがあると思われます。

適切な支援の方法を探すうえで、保護者や教員などの支援者にとって最も大切なことは、やらないのではなく、やろうと思ってもできない何らかの理由があるのではないか、と少し視点を変えてみることです。「なんでやらないの！」「何回言ったらわかるの！」「またサボって！」という叱責《しっせき》は、中学生・高校生のさらなる自信喪失や反発心につながりかねません。目の前にいるこの子は、〝困った子〟ではなく〝困っている子〟で、一番困っているのは他ならぬ本人自身かもしれない、という視点をもってみてください。そうすることで、本人と問題解決に向けて話し合うことが可能となります。どんなことに困っていて、どうしたいと思っているのか、に関心を向けて本人の話によく耳を傾けて聴いてください。

もし、本人との話し合いだけで解決しない場合は、専門家に相談してみるのもよいでしょう。学校の中にいる身近な専門家として、スクールカウンセラーの存在があげられます。名称は自治体や学校によって多少異なりますが、公立・私立ともに多くの小・中学校に配属されていますし、一部の高校にも配属されています。その他には、特別支援教育コーディネーターという役割を担っている先生も校内にいます。特別支援教育コーディネーターは、特別な教育ニーズをもつ子の相談の窓口になり、学校内外の連携のコーディネートをします。

また、都道府県、市区町村などが主体となって設置した教育相談機関もあり、教育相談センター、教育相談所、教育研究所などの名称でよばれています（第18章参照）。教育相談機関の業務は自治体によって違いますので、利用の仕方がわからない場合は、学校の先生やスクールカウンセラーに聞いてみるとよいでしょう。自治体のホームページに載っていることもあります。さらに、民間の相談機関や医療機関なども、状況に応じて相談先の選択肢となる場合があります。

## 6　挫折を乗り越えるための心の作業の終結地点と今後の人生に続くこと

学業不振の問題を抱える青年は、苦手な部分を無理のないかたちで補い、自分の強みに気づいて伸ばしていくことで、少しずつ自信を取り戻していくと思われます。そして、学業がさほど得意ではないという短所はあるものの、心理面・行動面のたくさんの長所を有している、ありのままの自分に気づき、認められるようになったならば、学業不振の挫折を乗り越えるための心の作業にも終わりがみえてきます。

ただし、最初に述べたとおり、学業は学生の本分と言われるほど重要なものであり、学校で学ぶ立場である限り、学業とは切っても切れない縁が続きます。ありのままの自分を受容した後には、強い挫折感はなくなったとしても、学業への苦手意識は続くのかもしれません。しかし、学業不振のストレスに耐えて自分を立て直したり挫折を乗り越えたりした経験や、その際に体得したノウハウがあれば、それは、学業から離れ社会人になってからも役立つといえるのです。挫折を乗り越えた自分への信頼感と、いつでも支えてくれる人がいるという安心感は、新たな壁に突き当たったときに、その壁を乗り越えるための基礎となることでしょう。

注1　桂広介・沢田慶輔・倉石精一（編集責任）（一九六六）教育相談事典　金子書房

注2　文部科学省初等中等教育局児童生徒課（二〇一八）平成二九年度 児童生徒の問題行動・不登校等生徒指導上の諸課題に関する調査結果について　http://www.mext.go.jp/b_menu/houdou/30/10/1410392.htm（二〇一九年八月八日閲覧）

注3　厚生労働省政策統括官付参事官付世帯統計室（二〇一七）平成二八年 国民生活基礎調査の概況　https://www.mhlw.go.jp/toukei/saikin/hw/k-tyosa/k-tyosa16/index.html（二〇一九年八月八日閲覧）

# 第10章　非行における挫折と変容

●中野智之

## 1　青年期の発達課題と克服手段——非行少年は特殊か？

三万五一〇八人。これは、平成二九年の少年による刑法犯《けいほうはん》の検挙人員《けんきょじんいん》です。[注1] この数字を見て、どういった感想をもちますか。「少年犯罪はまだまだ多いんだな」「自分の周りには犯罪や非行をする人がいないから、よくわからない」など、いろいろな考えが浮かぶと思います。では、「この三万五一〇八人は、特殊な少年なんだろうな」という感想はどうでしょうか。検挙されたという意味では特殊ですし、家庭裁判所で審判を受けて保護観察処分《ほごかんさつしょぶん》になったり、少年院送致《しょうねんいんそうち》になったりする少年（ここでいう「少年」は、二〇歳未満である男子と女子を指します）は、人口比率的にはまれです。

しかし、非行をする少年は、本当に特殊なのでしょうか。「非行」という行動の背景には、苦悩や挫折などのつまずき体験が影響していることが少なくありません。アメリカの心理学者エリクソンは、一二歳から一八歳までの時期を「青年期」と定義し、この時期の発達課題を「アイデンティティ

対　アイデンティティ拡散」としています。さらに心理学者ニューマン夫妻は、青年期を前期（一二歳から一八歳まで）、後期（一八歳から二四歳まで）に分け、前期の課題を「集団アイデンティティ（自分がある集団の一員であることに意義を見出す感覚・意識）対　疎外」、後期の課題を「個人的アイデンティティ（自分らしさを理解し肯定する感覚・意識）対　アイデンティティ混乱」としています（第1章参照）。

このように青年期では、集団に属する自分や個としての自分がどういった人間なのかを模索するため、人の目が気になったり、自分の感情をうまくコントロールできなかったりすることがあります。周囲から見ればささいなことでも、本人にしてみれば、とても大きく苦しい出来事に感じられることもあります。その経験を克服し、自分の存在を確立するため、自分でも気づかないうちに、非行という手段を用いているといえる場合もあるかもしれません。

## 2　非行からの立ち直り——保護観察処分になった少年（男子）の事例

周《しゅう》は、小学三年生頃、地元でも有名なサッカークラブに入団しました。周の父親も、子どもの頃にサッカーをしていたことがあり、父親の熱心なサポートを受けた周は、小学六年生になる頃にはレギュラーになって全国大会に出場するまでの実力をつけ、将来はプロサッカー選手をめざそうと思っていました。しかし、その頃、ずっと不仲であった周の両親がついに離婚し、二歳年上の姉、三歳年下の弟とともに母親に引き取られ、それ以降は、父親と会うことはありませんでした。

中学校進学後、家庭の経済的理由から、クラブチームを退団しなければならなくなった周は、仕方なく中学校のサッカー部に入部しましたが、部活動のレベルが低く、少しずつサッカーに対する思いが薄れていきました。この頃、異変があったのは周だけではなく、姉の素行《そこう》が悪くなりはじめたり、弟が不登校ぎみになったりしていました。

それでも周は、自分にはサッカーしかないと思い、何とかサッカーを続けていましたが、中学二年生の頃、気持ちが入っていない周の練習態度を見兼ねたサッカー部の顧問の先生が、周に対して厳しく注意したことをきっかけに、激しい口論になりました。周は、「こんなレベルの低い部活でも、我慢してやってきたのに、なんで俺が怒られないといけないんだ」と思い、それ以降、部活動の練習に参加しなくなりました。また、この頃から周は、いわゆる不良と言われる人たちと遊ぶことが増え、喫煙《きつえん》や飲酒《いんしゅ》、万引《まんび》きなどをするようになり、警察に補導されるようになりました。周の行動を問題視した学校は、周を正式にサッカー部から退部させ、一週間の謹慎《きんしん》処分にしました。

サッカー部だけではなく、学校にも居場所を失ったと思った周は、謹慎が解けた後、不良仲間と過ごす機会がますます多くなり、生活は乱れていく一方でした。中学三年生の七月頃、周は一緒に遊んでいた仲間と換金《かんきん》目的のために本屋で万引きをしようとしましたが、店員にばれて腕《うで》を捕まれました。その際、逃げるのに必死になり、とっさに振りほどいた腕が店員の顔に当たったことで周は我に返り、呆然と立ち尽くしました。その後、周は、近くにいた私服警官に逮捕《たいほ》され、家庭裁判所で審判を受けることになりました。

家庭裁判所での審判中、泣き崩れている母親を見ながら、周は、「二度とばかな真似はしないようにしよう」と心に誓いました。家庭裁判所は、周の生活歴や逮捕後の反省態度、今後の生活の見通しなどを考慮し、周を保護観察処分に付《ふ》す決定をしました。

保護観察処分になってからの周は、不良グループとのつきあいをやめ、きちんと学校に通うようになりました。保護観察中に守らなければならない約束事を守って、担当の保護司《ほごし》との面接もきちんと受けました。また、高校進学を目標に、周なりに一生懸命勉強をした結果、第一志望校には落ちたものの、第二志望校には合格しました。

しかし、高校入学後わずか一週間で喫煙により補導され、一週間の停学《ていがく》処分となりました。後からわかったことですが、周は保護観察処分になった後も、こっそりと喫煙を続けており、また、高校に合格した頃から、不良グループとのつきあいも再開していたのです。学校の先生だけでなく、保護観察官や保護司からも厳しく注意された周は、「今度こそ不良グループとのつきあいをやめる」とは言ったものの、停学処分が明けてからは、糸が切れたようにやる気を失い、高校にも自然と行かなくなりました。そして、夏休み明けには自主退学をしました。その後は母親の知り合いの建設会社で働かせてもらうなどしましたが、どれも長くは続かず、学生でも社会人でもない日々を過ごすようになりました。また、保護司との面接の約束をすっぽかすなど、保護観察中の約束事を守らないことも多くなりましたが、保護観察官や保護司は、母親とも協力しながら、粘《ねば》り強く本人と向き合い、指導や支援を続けました。

その後、周が高校を退学した翌年の春には、姉が専門学校に進学するために家を出たり、不登校であった弟が通学を再開したりするなど、家庭環境に変化が生じました。それまで無目的な生活を送っていた周にも、「このままではいけない」というあせりが生じ、「本気で何かに取り組もう」という気持ちが出てきました。配送業などの手伝いを経て、鉄筋工事を行う会社にアルバイトとして入り、仕事にやりがいをもって取り組んでいる同年代の友人もできました。その後、数ヶ月の見習い期間を終え、がんばりが認められた周は、正社員として採用されることになりました。晴れて定職に就《つ》き、社会人としての自覚が芽生えてきた周の表情は明るく、将来はその会社で出世して恩返しをしたいと社長や同僚に語ったり、給料の一部を母親に渡したりするようになりました。また、かなり遅くなったものの、被害者にも謝罪し、何とか許してもらうこともできました。こうした周の様子から、今後も安定した生活を送ることができることが見込まれ、保護観察も終わりになりました。

## 3　挫折と非行の関係

前節の周の挫折と非行の経緯について、少し考えてみましょう。小学生時代の周には、それらしい挫折はなかったように表面的にはみえますが、周の環境の転機といえるのは、小学六年生の頃の両親の離婚であったと考えられます。また、離婚に至るまでの家庭環境を想像すると、両親がけんかしていたり、不在がちであったりするなど、家庭が安定しておらず、必ずしも家庭が安心できる居場所であるとはいえなかったかもしれません。子どもにとって、家庭が安全基地の役割を果たしていない場合、エリクソンやニューマン夫妻が提唱する乳児期の発達課題である「信頼　対　不信」を乗り越えることができず、その後の人生に大きく影響することもあります。周の場合、家庭環境の問題が顕在《けんざい》化したことに加え、自分の生きがいや目標と感じていたサッカーに対する情熱も薄れるという事態が生じています。家庭の内外に居場所がなくなり、「自分が何者なのかわからない」という悶々《もんもん》とした心境に陥りました。そのような行き場のない日々を送る中で、周は自分を受け入れてくれる不良グループに居場所を見出したといえます。

不良グループは、多かれ少なかれ、家庭や学校に居場所がないと感じているメンバーにより構成されていることが多く、社会に対する否定的な価値観や喪失感などを共有するのにそれほど時間はかかりません。特に青年期前期には、集団アイデンティティの確立が課題となるため、似た者同士が集まるグループに所属することで安心感が生まれ、どんどんそのグループへの帰属意識が高まります。また、そのグループにおける自分の存在を確立させるために、問題行動をエスカレートさせ、「自分はこんなにすごいんだ」とアピールする傾向も強まります。さらに、周囲からもその行動を称賛《しょうさん》された場合には、もっと悪いことをしていくという悪循環が生じます。

周囲の大人にとってみれば、周はただ単純に反抗的で素行の悪い少年として映ったかもしれません。しかし、周にとってみれば、自分が安心していられる場所や、自分が何者であるかを一生懸命に探していく中でたどり着いたのが、不良グループであったと思われます。周が問題行動を起こしたのは、それが自分探しの手段として活用できると無意識に感じ取っていたからであって、問題行動を起こすこと自体が目的ではなかったのではないでしょうか。

また、家庭裁判所での審判を経て、保護観察を受けはじめた途端に、すぐに気持ちを新たにして、それまでとは一変した生活をしたり、そういった生活を継続したりすることは、相当に難しいことです。周の場合も、審判のときに誓ったことは本心でも、日常に戻れば、気持ちが揺らぐことが度々あったと容易に想像できます。むしろ、周囲から急な変化を求められてしまうと、気持ちも窮屈《きゅうくつ》になり、表面的に取り繕おうとしたり、無理をしたりしてしまいがちです。周は、最初の挫折を乗り越え、周囲の期待に応えるため、高校に進学できるように、背伸びをして一生懸命がんばりました。しかし、高校合格という目標を達成したことで、緊張が解けると同時に、心の疲労もどっと出てきたのだと思います。高校入学後には目的を見失い、無理をしてきたことによるほころびが、誰の目にも見えるかたちで現れました。そこからは、一気に転がり落ちるように再び生活が崩れていきました。

## 4 立ち直りの過程と周囲からの支え

何をもって非行から「立ち直った」と捉えるかは、人それぞれであり、非行からの立ち直りに関する明確な定義はありません。しかし、ここでは「法律を守りながら地域社会の中で過ごしている状態」と考えることにします。

周の場合、立ち直るためのきっかけの一つ目として、家庭裁判所での審判により、保護観察処分となったことがあげられます。保護観察を受けることになると、国の職員である保護観察官や地域社会のボランティアである保護司（以下「保護観察官等」といいます）と、定期的に面接などをすることになるため、再非行防止のための見守りの枠組みができることになります。また、審判のときに母親が泣き崩れた姿を目の当たりにしたことも、周に影響を与えたと考えられます。これまで、家庭の外に自分の居場所を求めてきた周にとって、母親が自分のことをどれほど思ってくれていたかを知る機会になると同時に、実は家庭に居場所はあったという気づきが得られ、内面的な変化を生じさせるきっかけになったはずです。

しかし、審判や保護観察という立ち直りのきっかけは、半ば強制的に与えられるきっかけであり、初めは反省していたものの、時間の経過とともにその思いは薄れ、また非行に及んでしまうこともしばしばあります。周の場合、喫煙や不良グループとのつきあいを再開したことがそれに当たります。その後、目立った非行はなくなったものの、審判直後の感銘《かんめい》力の効果も薄れ、周の生活は低調のまま推移していきます。

そんな周の二つ目の立ち直りのきっかけとして、姉と弟の前向きな自立があげられます。それまで、自分と同じように、悶々とした日々を送っていたはずの身近な二人が、「自分は何者か」という課題に取り組み、積極的に行動している姿を見ることで、周にあせりが生まれ、再び内面的な変化をもたらしたと考えられます。そして周は、最終的には定職に就いて、若いながらも社会人としての自負をもつようになります。

ここまでみてきたとおり、周の立ち直りの過程には、よい波と悪い波がありました。立ち直りの過程において必要なものはいくつかありますが、その中でも特に必要なものは、支え手です。もちろん、本人の更生《こうせい》意欲は必要ですが、本人は、非行により何が得たかったのかをきちんと整理して理解しているわけではありません。周の事例を振り返ると、青年期前期のまっただなかにいて、自分が何者であるかわからず、混乱している状態であったことがわかります。その中で、学校の先生という重要な支え手を失ってしまい、自分でもブレーキが利かない状況になってしまったと考えられます。

一般的には、保護観察処分になることはよくないことですが、保護観察を受けることで保護観察官等との関わりができ、支え手が増え、しっかりとした枠組みの中で再非行の防止や健全な成長を図ったり、被害者の気持ちを想像させたりすることができる環境になります。保護観察官等は、家庭が安定したものとなるよう親に対しても働きかけを行うこともあり、これまでは支え手として力を発揮できていなかった親も、少しずつ支え手としての存在感を強めていくことができるようになります。さらに、保護観察官等は、本人の支え手を増やす目的で学校にも働きかけることもあります。

周囲の支え手にとって大切なのは、本人が自分の気持ちを整理していくためには相当の時間がかかることを理解しておくことです。非行からの立ち直りには、失敗がつきものです。非行をした少年は、支え手の期待とは違う誤った言動をしてしまうことも多く、そういった失敗が続けば、支え手が失望して離れていってしまうのは、当たり前のことなのかもしれません。しかし、失敗を小さいものにとどめ、いかにして次に結びつけるかについて、時間をかけて本人と対話していくことが重要です。

## 5　具体的支援の方法

先述のとおり、非行からの立ち直りには、支え手が必要ですが、具体的にはどのように支援していくことがよいのでしょうか。支え手の例としては、親、きょうだい、友人、教師、児童相談所や青少年センターの職員などがあげられます。保護観察中であれば、保護観察官等も支え手となり、地域で支える体制が整えられます。親、きょうだい、友人、教師のような身近な支え手は、ともすれば、目の前で少年が起こしている問題行動への対処にばかり目が向きがちですが、問題行動を「点」ではなく、「線」で捉えて関わることが望ましい方法の一つです。周の場合も、問題行動を起こすに至るまでには、本人の中での挫折や葛藤がありました。したがって、支え手は、本人のそれまでの生活歴を振り返り、どういった要因があったのか、また、問題行動を起こすことで何を得たかったのかを考える必要があります。

身近な支え手は、なかなか客観的に問題行動を捉えることが難しく、問題行動に振り回されて疲弊してしまうかもしれませんが、そういったときには他の支え手を頼り、立ち直りの途中で多少の失敗があっても見守り続けることが重要です。支え手が苦しいときは、本人と距離を保つことでうまくいく場合もある一方、きちんと本人と向き合い、対話をして、本人の思いを受け止めたり、心配していることをきちんと伝え続けたりする姿勢も必要です。また、それぞれの社会的役割を担って、倫理観や道徳観を教える姿勢も重要ですが、ときには一人の人間としての本音を伝えることも大切です。

また、現在、保護観察所では、再非行（または再犯）を防ぎ、更生を促すため、リスク・ニード・リスポンシビティ・モデル（RNR《アールエヌアール》モデル）という考え方に基づいた指導や支援を試みています。[注2] これは、本人の再非行（または再犯）のリスクの高さに応じて指導や支援の密度を調整し、再非行（または再犯）を誘発する要因に対応するために必要な処遇《しょぐう》計画を作成し、本人に適合するかたちで処遇を行う方法です。具体的には、保護観察官が保護観察を受けることになった少年（または成人）の生育歴等から、修学／就労、家族／婚姻、余暇《よか》、仲間などの要因を客観的に整理します。そのうえで、親などの身近な存在や保護司などと一緒に、それぞれが役割分担をしながら、チームとして指導をしたり、支援をしたりしていくことになります。

## 6　挫折を乗り越えるための心の作業の終結地点

これまで述べてきたとおり、非行においては、多くの場合、問題行動に至る前から挫折を経験しており、立ち直るためのきっかけを得た後も、いくつかの失敗を繰り返しながら、立ち直りに向けた道を進んでいきます。また、誰かが区切りをつけて、非行からの真の立ち直りを宣言してくれる性質のものではないため、非行をした本人の意識が重要になります。したがって、まずは本人自身が非行という行動をある程度客観視できる状態になることが重要です。時間をかけて、支え手が支え続けていく中で、家庭環境が変わったり、問題行動を起こさなくても自分の居場所を見つけることができている友人ができたり、学校を卒業したり、働いたりといったように、本人を取り巻く環境が変化し、自分とは何者かが少しずつ明確になってきます。そこでようやく心に余裕が生まれ、自分のことを振り返って考えたり、ずっと見守り続けてくれた親や教師のことを理解できたり、被害者の立場になって考えられるようになったりするのです。

この段階で、一区切りがついたという実感がもてる人もいるでしょう。もしかすると、立ち直りに向かってもがいている中で、気づかないうちにいつの間にかすっかり地域に溶け込んで、社会的に頼りにされる存在になっている人もいるでしょう。そういった場合には本人に自覚はなくても、心の整理はできているのです。

冒頭に述べたとおり、非行というと、非常に特殊なことのように思う人も多いかもしれませんが、その人が生きるうえでの心の揺れ動きが行動として現れたものだと考えると、決して特殊ではないと感じられるのではないでしょうか。青年期全体をとおして誰もが思い悩むアイデンティティの確立のため、そういった表現を取らざるをえなかった少年に対し、支え手も一緒になって、時間をかけて心の整理をしていくことが重要になります。

注1　法務省法務総合研究所（編）（二〇一八）平成三〇年版 犯罪白書——進む高齢化と犯罪　昭和情報プロセス
注2　法務省（編）（二〇一九）平成三〇年版 再犯防止推進白書　日経印刷

# 第11章 犯罪における挫折と変容

●玉置隆久

## 1 犯罪とは

犯罪とは、「実定法《じっていほう》に違反した有責《ゆうせき》可罰《かばつ》の行為」と定義されています。言い換えると、犯罪とは、法律に違反した行為であって、考えたり思ったりしただけでは犯罪になりません。また、その行為に刑罰を加えることが定められていることと、違反した者が社会的責任を負うことができる場合に限られます。ある行為が犯罪であるかどうかは時代や社会により異なりますが、現代では、その行為が行為者の主体的選択のうえでなされた場合が犯罪とされ、行為時に精神障害であったり未成年であったりして社会的責任を負えない場合には犯罪とされません。[注1] 法律上の犯罪として成立するには、捜査機関がそれを犯罪として認知し、捜査されることが前提条件となります。被害者の立場からみると、被害を受けたときに、その被害を届け出なければ（いわゆる泣き寝入りを含む）、犯罪は成立することなく、加害者も逮捕されることはありません。また、直接の被害者がいない犯罪の場合、加害者の申告がなければ、発覚しないことも少なくありません。

さて、ドラマなどでは、犯罪が発生してから、真犯人がわかって逮捕されるまでがストーリーとして描《えが》かれ、犯人逮捕で事件解決、めでたしめでたしとなって番組は終わりますが、実際は、犯人にとっても、被害者にとっても、そこで事件は終わるわけではありません。被害者にとってみれば、むしろその先が長く、受けた被害によっては、一生深い傷や悩みを抱え、人生を送ることもあります。いわゆる犯人、法に違反した行為をした者は、逮捕されて警察における捜査が終了すると、検察官に事件が送致されます。なお、法律で指定された軽微な事件については、検察官に送致されないものもあり、そこで手続きが終了する場合もあります。

検察官は事件が送致されてくると、起訴《きそ》処分として事件を裁判所に提出するか、不起訴処分あるいは起訴猶予《ゆうよ》処分とするかの事件処理を行います。そして、起訴処分となった事件については裁判が行われます。裁判の結果、有罪か無罪かの判決が確定し、有罪の場合でも執行《しっこう》猶予処分が付けば、刑務所には行きません。執行猶予処分のつかない実刑判決を受けた者のうち、懲役刑《ちょうえきけい》または禁錮《きんこ》刑などの刑を言い渡された者が、受刑者として刑事施設（刑務所、拘置所等）に収容されます。

平成二九年に刑事施設に入所した受刑者の年齢層別構成比を見ると、男性では、二〇歳未満が〇・一％、二〇～二九歳が一四・五％でした。女性では、二〇～二九歳が八・二％になっています。また、罪名別構成比は、男性では、窃盗《せっとう》が三二・一％、覚《かく》せい剤《ざい》取締《とりしまり》法《ほう》違《い》反《はん》が二六・七％、詐欺《さぎ》が一〇・四％、道路交通法違反が四・九％、傷害《しょうがい》が四・三％、強盗が二・三％で、その他が一九・一％になっています。女性では、窃盗が四六・五％、覚せい剤取締法違反が三六・七％、詐欺が五・九％、道

路交通法違反が一・八%、傷害が一・五%、殺人が一・二%で、その他が六・四%になっています。[注2]

また、法に触れる行為を行った者（犯罪行為者）の年齢によって適用される法律は異なります。一四歳以上が刑事責任年齢と規定されていることから、一四歳未満の者が法に触れる行為を行った場合、原則として児童福祉法が適用され、児童相談所が福祉的措置《そち》で対応します。一四歳以上二〇歳未満の者が法に触れる行為を行った場合、少年法が適用され、家庭裁判所が対応しますが、刑罰の対象と判断されれば、検察官に事件送致され、裁判を受けることもあります。なお、現在では、故意の犯罪行為により被害者を死亡させ、その罪を犯したときに一六歳以上であった場合には、原則として、事件が検察官に送致されます。なお、非行とは、一般には不正な行為や道理《どうり》にはずれた好ましくない行為をさしていますが、狭義《きょうぎ》には少年法で規定された罪を、少年（二〇歳未満の者）が犯すことをさしています（第10章参照）。

## 2　日常に潜む罠——ある普通の青年が加害者・被害者となった事例

犯罪における挫折を検討するうえでは、法に触れる行為に関わった者だけではなく、犯罪によって傷つけられた被害者についても触れておく必要があるので、両方の事例を取り上げます。

### ●特殊詐欺——アルバイト感覚で詐欺に加担してしまった晴男

晴男《はるお》は、今回の事件を起こすまで、特に大きな問題を起こすこともなかった都内に住む青年で、通っている大学に友人も多く、講義以外にもサークル活動やアルバイトに日々楽しく過ごしていました。ある日、晴男は、サークル仲間からインターネットのサイトで割のよいアルバイトが見つかると聞き、試しにスマホで検索してみました。すると、荷物を受け取るだけで、高額のバイト料が手に入る仕事が載っていて、さっそくアクセスしてみました。条件を読むと、仕事は不定期で、連絡があればスーツを着用して指定された駅に向かい、そこで社員の指示に従って動くといった少し怪しいものでした。しかし、夏休みの合宿費用が足りなかったことから、とりあえず、自分の氏名やアドレスなどを入力しておきました。数日後、メールがあり、①都内近郊の駅で社員と待ち合わせてバッグを預かること、②その後、駅前で待っている婦人から封筒を受け取ってバッグに入れて戻ること、③バッグと引き換えにバイト代がもらえること、が書いてありました。

普通に考えれば、そんなに簡単に高額のバイト料が手に入るわけがないと判断できますが、そのときの晴男は、大学の講義やサークル活動に追われ、通常のアルバイトでは合宿代が足りないといった状況で、冷静な判断力を失っていたのです。そのため晴男は、少しドキドキしながらも言われたとおりにしたところ、約束どおりにバイト代を手にしてホッとしました。どこか得した気分にもなりましたが、胡散臭《うさんくさ》い印象は拭《ぬぐ》い去れなかったので、このバイトは、これで終わりにしようと思いました。ところが、再び晴男のスマホに連絡があり、晴男が断ろうとすると、相手の態度が急変し、晴男を脅してきたのです。晴男は仕方なく、指定された駅に向かい、前回と同じように封筒を受け取ろうとした瞬間、複数の警察関係者に囲まれて逮捕されました。

晴男は捕まった直後は、「自分だけ捕まって、ついてないな。運が悪いな」と思っていましたが、裁判をとおして、最初の被害者が渡したお金は、亡くなった被害者の夫が長年地道に働いて稼ぎ、老後のためにこつこつと貯めていたことを知りました。さらに、被害者はかわいい孫が困っていると誤信させられて、そんな大事なお金を用立てたのに、だまされたと聞かされ、途方に暮れていることを知りました。その後、実刑判決を受けて刑務所に服役《ふくえき》することになり、改めて自身の祖母と重ね合わせ、被害者の気持ちを考えるようになり、加害者としての自覚や責任感が芽生えるようになりました。

### ●覚せい剤使用——ダイエット目的で始めた覚せい剤使用をやめられなかった晴子

晴子《はるこ》は、高校卒業後、ネイリストをめざして専門学校に通いながら、アルバイトをする二〇歳の女性です。晴子は、職業としてネイリストを選ぶくらい、化粧やファッションなどの最新の流行に敏感で、周りから見れば、決して容姿が劣っているわけでもありませんでした。ところが、自分とバイト先の先輩たちを比べて劣等感を抱いていました。みんなスタイルがよく、身につけている洋服や小物、メークなどが格好よく決まっていると思い、少し気後《きおく》れするようになっていました。そんなとき、ある先輩からやせ効果があると勧められた粉薬が実は覚せい剤でした。もちろん、晴子は、その薬が覚せい剤だとは思わず、憧れの先輩のようになれると思って試してみました。実際、飲んでみると効果があり、続けて服用するようになりました。さらに飲まないと調子がおかしくなることがあってやめられなくなりました。先輩が捕まり、捜査の過程で晴子の名前があがり、晴子も逮捕されることになりました。

晴子の親は、娘の逮捕に驚きましたが、真面目に専門学校に通ってネイリストをめざしていた晴子の「やせたいと思って使用していた」という言葉を信じ、逮捕を機に覚せい剤使用をやめると思っていました。晴子自身も、いつしか覚せい剤依存になっていたことに気づいておらず、すぐにやめられると思っていました。また、執行猶予処分で受刑することはなかったので、再び専門学校に通いながらアルバイトを続けていました。しかし、しばらくしてささいなきっかけで再度使用し、再逮捕され服役することになりました。

●性犯罪被害者——SNSがきっかけで性被害を受けてしまった晴海

晴海《はるみ》は、インスタグラムが大好きな女子高校生で、友人とインスタ映えする場所や飲食店に出向いて、自らを写し込んだ写真を撮っては、お気に入りの一枚をインターネットにアップしていました。そんなある日、「読者モデルになりませんか」という書き込みが、情報誌の編集者と名乗る者からありました。晴海は、別にモデル志望だったわけではなく、ただ単に自分の気に入った風景や食べ物と一緒にかわいく写真に写るのが楽しかっただけでした。

けれども、高校時代の記念になるかもしれないと、書き込みの相手に返信しました。すると、最初は、制服姿と一番のお気に入りの私服の写真を撮って送るように言われて、そのとおりにスマホで自撮りして送りました。次に、水着の写真、下着姿と徐々に要求はエスカレートするようになり、最終的に、スタジオと称する部屋に呼び出され、性的暴行を受けてしまいました。

晴海は、ショックを受け、その日は、どうやって家まで帰ったのかも覚えておらず、黙って自分の部屋に入り、そのまま閉じこもってしまい、夕食にも出てきませんでした。翌朝も部屋から出て来ることはなく、初めて学校をさぼりました。心配した親が何度も声をかけたところ、泣きながら部屋を出てきた晴海が、事件について打ち明け、事件が発覚しました。両親が警察に通報し、犯人は逮捕されましたが、SNSを利用して同様の犯罪を繰り返していた常習者だったようで、裁判でも、「モデルになれると調子に乗って、簡単に写真を送ってくる被害者が悪い」と責任転嫁《せきにんてんか》して、反省する様子はまったくなく、晴海を含めた被害者を傷つける発言をしました。

## 3　挫折の背景――なぜ、普通の青年が犯罪に巻き込まれたのか、その立ち直りに必要なものは

前節に示した三人の事例について、みていきましょう。まず、晴男の事例は、現代社会において大きな問題となっている特殊詐欺（いわゆるオレオレ詐欺や振り込め詐欺等）の事例です。特殊詐欺で「受け子」とよばれる現金の受取役として逮捕される者は、一〇代から二〇代の青少年が多く、少年院や少年刑務所、刑務所（特に初犯刑務所）に収容《しゅうよう》されることになります。

晴男のような特殊詐欺の「受け子」で捕まる者たちの特徴は、罪障感《ざいしょうかん》に乏しく冷静さに欠けているため、アルバイト感覚で犯罪に加担してしまうことです。また、知人の情報というのも落とし穴の一つです。一人では決してやらない違法行為でも、仲間と一緒なら、周囲がやっているなら、という意識から抵抗感が薄れて、行ってしまうことがあります。

次に、晴子の事例についてみていきます。従来、薬物使用は、少年時代にシンナーとよばれる有機《ゆうき》溶剤《ようざい》を遊び感覚で吸引することに始まり、その後段階的に、大麻《たいま》や麻薬《まやく》、覚せい剤といったより薬理

効果が強く依存性の高い薬物使用に移行するケースが一般的でした。しかし近年では、最初から一〇代半ばで覚せい剤を使用するケースも増えています。晴子の事例からもわかるように、青年期の女性は、自分の容姿に劣等感を抱いて、やせ願望から覚せい剤に手を染める場合があります。男女の別なく、薬物使用に至る背景には、様々なストレス（学業成績の不振、親や上司からの叱責、仕事の失敗など）によって負の感情（気分の落ち込み、イライラなど）に支配されているという本人自身の条件と、夜の盛《さか》り場で仲間や偶然に知り合った人たちの薬物使用の場面に遭遇するという環境条件が重なっていることがよくあります。

なお、薬物使用をやめられないのは、本人の意志が弱いからだと言う人がいますが、それは間違いです。本人が薬物使用を断つという決意を固めることは重要ですが、気持ちだけでやめられるほど、薬物依存は簡単なものではありません。薬物依存から離脱するには、本人が、薬物依存症という病気であることを自覚するとともに、周囲のサポートが大切になります。専門の医療機関で治療を継続して受けることや、民間の薬物依存離脱施設や自助グループを利用してリハビリを続けることも必要となります。

最後に、晴海の事例についてみていきます。晴海の事例は、性犯罪被害の一例ですが、他にも、窃盗や詐欺といった財産被害、傷害や暴行といった身体被害、殺人や交通事故などで自身や近親者の生命が奪われる生命被害等があります。晴海のような青年期の被害者の場合、常習的で悪質な加害者から言葉巧みに近づかれたら、うまく断るのは難しいといえます。ＳＮＳのような身近なツールには、効率的に物事を処理できて社会生活を豊かにするなど、プラスな面も多い反面、個人情報が簡単に流出し、悪用される危険性があることも理解しておく必要があります。晴海の場合、書き込み相手の身元をしっかり確認したり、誰かに相談したりしませんでした。青年期には、親には言いづらいこともあるかもしれませんが、親や教師といった支援者との情報共有は大切といえます。

性犯罪被害は、一次被害（性犯罪被害自体の問題）に始まり、二次被害（事件の捜査や病院の診察、公判のときに事件の恐怖体験がよみがえることによる精神的被害）、三次被害（その後の人生や社会生活にも継続するトラウマ等の傷つきの問題）があります。また、被害にあった自分を責めたり、被害を周りに知られたくないといった気持ちから、事件が発覚しにくいことや、事件が明るみになったことで、余計に傷ついてしまうことが特徴としてあげられます。

犯罪被害者に対しては、警察をはじめとして様々な関係機関で支援を行っています。都道府県によって名称は様々ですが、それぞれの地域に被害者支援センターなどが設置されているほか、国が設立した公的機関である日本司法支援センター（通称「法テラス」）もありますので、内容によって相談機関を選ぶことも可能になります。

なお、犯罪を起こすときは、人間関係の葛藤や学業・仕事の不振などの負の要因に目が向かいがちですが、物事がうまくいっているときに落とし穴が潜んでいることがあります。試験でよい点を取った、商談がうまく成立した、ゲームに勝った、といった成功体験を得たことで、羽目を外してしまったことは、誰しも経験のあることでしょう。優越感や万能感から強気な言動に出たり、大金を手にしたことから、ギャンブルにつぎ込んでしまうことが、非行や犯罪に結びつくこともあります。

## 4　犯罪と挫折のその後

厳しい言い方になりますが、犯罪における挫折を乗り越えるための心の作業には終結地点のようなものはないのかもしれません。犯罪の加害者も被害者も一生涯にわたって課題や重荷を背負っていきます。その重荷につきあい、寄り添い続けることが、支援する側の作業として必要となっていくでしょう。近年の犯罪対策の問題としては、再犯・再非行防止と高齢者犯罪への対応が急務になっています。家庭の援助が得られる青年の場合は、住む場所について心配することはほとんどないと思われます。しかし、再犯を繰り返す青年受刑者に限っていえば、家族の援助が得られないこともあり、出所後の居住地と仕事が立ち直りの鍵となっています。

また、罪を犯した者たちの更生、立ち直りを支援する際には、親や教師だけが責任を負うのではなく、社会全体で見守っていく姿勢が重要になります。再犯させないということは、新たな被害者を生まないことであり、支援者自身を含めたすべての人の安全や幸福を守ることにつながります。犯罪被害者に対する周囲のきめ細かいケアは当然のことながら大切ですが、加害者の社会復帰についても、社会全体の理解や支援が必要なのです。

---

注1　氏原寛・小川捷之・近藤邦夫・鑪幹八郎・東山紘久・村山正治・山中康裕（編）（一九九九）カウンセリング辞典　ミネルヴァ書房

注2　法務省法務総合研究所（編）（二〇一八）平成三〇年版 犯罪白書――進む高齢化と犯罪　昭和情報プロセス

# 第12章 災害による青年の挫折と変容

●大森哲至

## 1 はじめに

突然、災害が起こり、家族と離れ「すぐにどこか遠くの場所へ避難してください」といわれたとしたら、あなたならどんな気持ちになるだろう？　これから紹介するのは、それを実際に体験した子どもたちの事例です。

二〇〇〇年八月二九日、東京都の三宅島《みやけじま》で噴煙《ふんえん》の高さが約八〇〇〇メートルにおよぶ火山噴火が起こりました。当時、三宅島の小中高生は授業中でした。そんななか校内放送を通じて「小中高生は一五時一〇分の船で全員避難すること」という村内放送が流れました。その放送後、三宅島のすべての小中高生はすぐに帰宅し、避難の準備を始めました。予定どおり一五時一〇分、三宅島の子どもと教職員を乗せた船は三宅島を出港し、東京竹芝港《たけしばこう》へと向かいました。そのときの様子について、当時の読売新聞の記事では次のように報道されました。「汽笛が鳴るなか『いってきまーす』と家族に手を振る小学生のなかには涙を浮かべている子も……。出港から一時間……三宅島の白い噴煙を見つけ『ここまで見えるんだ』と表情を曇らせた。受験を控えた三年生は『これから追い込みの時期なのに』と不安を漏らした。別の三年生は『母は民宿、父は農業、大きな噴火があったら……』と島に残った両親を思いやった。小学校の養護教員は、子どもたちへの心のケアのためにぬいぐるみを持参した」

当日の子どもたちの様子について、当時の三宅島の小学校の先生にお話を聞いたところ、次のように語っていました。「船が出港する直前、島を離れる子どももそれを見送る両親も、ほとんどが涙を流していました。子どもの中には、自分のこれからのことよりも島に残していく両親の心配、また両親にとっては、幼い子どもを一人で都会へ旅立たせる心配など、それぞれの思いがこちらにも伝わってきて胸がじーんとなりました。船が港を離れてからも子どもたちは甲板から離れず、島や両親の姿が見えなくなってからもいつまでもその場所にとどまっていた姿をいまでも忘れられません」

次に紹介するのは、避難後に中学生を対象に実施されたアンケート結果の一部です。「全島避難とわかったとき、どのように思ったか」という質問に対して、その回答を見ると、「島から離れたくないと思った」「これで安心できると思ったけど、育った島を捨ててしまうかと思うと涙が出てきた」「親元を離れるのでとても心配だった」「いつ頃帰れるのか、三宅はもうだめなのか、これからどうなるのか、いろいろと考えた」などがあげられています。そしてこのような回答を見てもそれぞれの子どもが複雑な思いで三宅島を離れたことがわかります。

その後、子どもたちを乗せた船は、その日の二一時四〇分頃に東京竹芝港に入港し、子どもたちは休む間もなく、避難所として準備されていた東京都あきる野市にある旧秋川高校へバスで向かいました。そしてこの日から、三宅島の子どもたちにとって、家族と離ればなれの避難生活が始まることになりました。

## 2　三宅島の子どもたちの避難生活の様子

突然の慌ただしさの中で始まったあきる野市での避難生活でしたが、避難直後の生活の様子について、当時の三宅高校の校長にお話を聞いたところ、「避難してすぐは、子どもたちも先生方もみんなが、避難生活は長くても一ヶ月程を予想していて、避難生活は長くない、短期決戦、我慢、がんばって乗り切ろうという緊張感の中で毎日を過ごしていた」と述べています。しかしながら、二〇〇〇年に起こった三宅島噴火は、一ヶ月程では終息せず、大方の予想に反して一年経っても、二年経っても終息の見通しがみえないまま、子どもたちは避難生活を続けることになりました。

当時の子どもたちの避難生活の様子について紹介すると、避難先となった旧秋川高校は廃校予定になっていた高校ですが、もともと全寮制の高校だったため、避難した三宅島の子どもたちはその寮で生活をすることになりました。寮では小中高生が男女別に、それぞれの棟《むね》に分かれ、一部屋には5人の子どもたちが一緒に生活する状況でした。また避難生活では、小中高生が表1のような日課にそって、例えば消灯が二二時半、校舎から離れる自由外出は基本的に先生が引率というような毎日を過ごしていました。

このような日課にそっての生活については、中学生や高校生にとって、周囲の子たちの生活実態と

表1　子どもたちの日課表

| | |
|---|---|
| ・6：00　起床 | ・13：20　授業 |
| ・7：30　朝食 | ・15：10　授業終了 |
| ・8：20　HR | ・15：30　自由時間 |
| ・8：30　授業開始 | ・17：45　夕食・入浴 |
| ・12：20　昼食 | ・22：30　消灯（小学生は21：30） |

はとてもかけ離れていました。そのため、最初の頃は、仲間と一緒で安心感をもてるとの声もありましたが、だんだんと時間が経つに連れて、仲間とは教室でも一緒、放課後も一緒、寝るのも一緒というように、個人としてのプライバシーがほとんどない生活に大きなストレスを感じる子もたくさんいました。このようなストレスの影響として、授業中の居眠り、先生に対する反抗的態度、友人関係のこじれ、男女交際のもつれ、喫煙、深夜までテレビゲームに没頭するなど、避難前にはみられなかった行動の変化が顕著にみられるようになってきました。またストレスの問題は小学生にとっても、避難生活以前は家事全般、掃除や洗濯など家族に頼っていたことを避難生活では自分たちですべてしなければならないなど、突然の生活環境の変化にストレスを感じる子もたくさんいました。

　このようなストレスの影響として、低学年では、赤ちゃんがえり現象、身体接触の要求、指しゃぶり、夜尿《やにょう》、幼児ことばで話す、一日に何度も母親に電話をするなどの行動がみられるようになりました。高学年では、自分自身のことに加えて低学年の世話や面倒を見ないといけないという責任感から、「甘えてはいけない」「よい子でいなければ」という強い緊張感が顕著にみられるようになりました。

　このような三宅島の子どもたちのストレスについてまとめると、子どもたち全般にみられた症状として、診断名がはっきりしているものとしては、チック、爪噛《つめか》み、反復性腹痛、心因性嘔吐《しんいんせいおうと》、円形脱毛症《えんけいだつもうしょう》などが多く、病名がはっきりしないものとしては、頭が痛い、のどが痛い、手足が痛い、お腹が痛い、なんとなく気持ちが悪いなどを訴《うった》える子どもが多くみられました。

## 3　災害後の子どもの心理的反応

災害後の子どもたちの心理的反応を理解するためには、フラストレーション理論が有効です[注1]。ここでのフラストレーションとは、ある人にとって達成可能と期待される目標や要求が、何らかの妨害で阻止された状態を指しています。そして、フラストレーション理論では、フラストレーション状態に陥ったとき、次のような五つの反応がみられやすいことを指摘しています。

### ①攻撃的反応

フラストレーション状態が攻撃的反応を生起させることは有名です。欲求が満たされないとき、最も基本的な反応として、妨害を起こす人や物への攻撃的態度が現れます。災害後の子どもの場合、災害によって失ったものを取り戻したいがそれが現実的に困難であると、いらだちを感じ、攻撃的・反抗的な言動がみられやすくなります。そのため、災害後に子どもの攻撃的反応がみられても大目に見たり、注意する際も具体的に説明をしたりなどの対応が望まれます。また災害後の子どもの反応として、おとなしく表面的には攻撃的反応が表出されなくても、内面的には攻撃的反応が抑制されていることがあるので、ふだんと様子が違っていたら注意が必要です。

### ②代償的反応

攻撃的反応は、欲求を阻害した人や物に常に直接向けられるわけではなく、代償《だいしょう》的目標に置き換えられることがあります。このことは災害後の子どもの場合でも、例えば、家族が生活再建に追われて忙しくしていると、子どもはイライラを家族に向けられず、友達に攻撃的反応を向けてしまうなどがみられやすくなります。また代償的反応の対象は、人だけでなく物に向けられることも多く、例えば、物を壊したりなどの行為もみられやすくなります。そのため、攻撃的反応がみられた場合、叱ったり、責めたりするのではなく、何にイライラしているのかをゆっくり聴いてあげることが重要です。

### ③異常な固着反応

フラストレーション状態でみられる反応として、無駄だとわかっている行動を見通しもなく無意味に繰り返す行動（異常な固着《こちゃく》反応）があります。このような災害後の子どもにみられる異常な固着反応の典型的な例として、「災害ごっこ」とよばれる遊びがあります。これは文字どおり、自分たちの体験したことを再現する遊びのことを指していて、残虐《ざんぎゃく》シーンの再現などもあり、大人がみると不謹慎でぎょっとすることがあります。しかし、災害後の子どもは、災害ごっこを楽しみながら繰り返し行うことで、災害時の恐怖体験を少しずつ克服《こくふく》していくと考えられています。一方で、災害後の子どもが繰り返し災害ごっこを行う背景には、災害体験への強いこだわりがあります。遊びの中で繰り返し残虐なシーンを再現してのめり込み、それによって恐怖に覆われ苦痛がともなう場合であったり、またその終結がハッピーエンドに終わらない場合は注意が必要であり、大人の適切な介入が必要になります。

### ④退行的反応

子どもが本来の発達段階より、未分化な反応や子どもっぽい行動様式になることを退行的反応とよんでいます。フラストレーションにより、以前は一人でできていた日常生活行動ができなくなり、保護者にべたべた甘えたり、そばを離れることを異常に嫌う分離不安がみられます。災害後の子どもの退行的反応として、幼児期では指しゃぶり、爪噛み、夜尿など、児童期では暗闇への恐れ、一人で寝るのを嫌がる、学校へ行くのを嫌がるなどの反応がみられやすくなります。このような退行的反応は、災害後の子どもの出すＳＯＳのサインとして比較的わかりやすいので、十分に配慮してあげることが必要です。

### ⑤抑圧的反応

フラストレーションが溜《た》まると、不安や心理的緊張を招くことが知られています。しかし、フラストレーションを招くような欲求に対して、自分はそれをもっていないと思い込んだり、不安や心理的緊張を無理に抑えこもうとすると、結果として余計にイライラや緊張が酷くなります。災害後、急におとなしくなったり、大人びた行動をとるなどの反応を示す子どもがいます。このような子どもは一見すると「よい子」のようにみえます。しかし、内面的には家族や周囲の大人たちが求めている姿を敏感に察知し、「よい子」の着ぐるみを着て、無理をしている場合もあるので注意が必要です。

以上がフラストレーション理論で示されているフラストレーションに陥ったときにみられやすい五つの反応です。そこで、これらの反応と災害後の三宅島の子どもの反応とを照らし合わせながらみていくと、中学生や高校生の場合、先生への反抗的態度や友人関係のこじれなどは攻撃的反応や代償的反応の表出と考えることができます。また小学生の場合、低学年にみられたような、赤ちゃんがえり現象、身体接触の要求、指しゃぶり、夜尿、幼児ことばで話すなどの行動は、退行的反応と考えることができますし、高学年にみられたような「甘えてはいけない」「よい子でいなければ」という強い緊張感も、抑圧的反応と考えることができます。そのため、フラストレーション理論を参考にすると、災害後にみられた三宅島の子どもたちの反応は、異常な反応ではなく、むしろ自然な反応だと考えることができるのです。

## 4　孤独と挫折との関係

筆者はこれまで三宅島の被災者の心理的問題について、二〇〇〇年に起こった噴火以降、今年で二〇年目になりますが、継続して研究を続けています。この間、被災者の心理的問題とその回復のために様々な調査をしてきましたが、縦断的に調査を継続していくと、心理的な問題を克服できる人とできない人の違いとして二つの要素が大きく関係していることがだんだんとわかってきています。それは「孤独感のある・なし」と「認知の仕方の違い」です。

そこでまずは孤独感と被災者の心理的問題との関わりですが、三宅島の子どもたちは、災害直後は家族と離ればなれで避難生活をしていましたが、だんだんと避難が長期化するに連れて、週末は別の場所に避難している家族のところへ一時帰宅する子どもが増えていきました。金曜日の放課後になると、家族が寮に迎えにきて、週末の間は家族と一緒に過ごし、日曜日の夜に、保護者に送られて帰ってくるという感じです。子どもたちにとっては、限られた帰宅ですが家族と一緒に過ごすことのできる貴重な時間です。しかし、なかには家庭の事情で週末に帰宅できない子もいます。そうした子どもは、金曜日になると周囲のみんなが家族と一緒に楽しそうにしているのを眺めたり、日曜日の夕食のときもみんなが週末の話題を楽しそうに話しているのを聞くことしかできないなど、帰宅できない子どもにとっては、自分だけみんなから取り残されているようなとてもつらい体験です。また旧秋川高校での避難生活は、二年目になると小学生の八割、中学生の五割、高校生の三割が親元に引き取られましたが、旅立っていく仲間を見送る子どもの中には、涙を流している子もたくさんいました。当時の様子について、小学校の先生は次のように話しています。「どれだけ教員が手を尽くし、愛情をかけても親の代わりはできないことをつくづく実感しました。毎日秋川では落ち込んでいた子どもたちが親元へ帰った途端、見違えるように元気を取り戻した様子を聞いて、一〇人、一〇〇人の教員やカウンセラーよりも親の存在が子どもにとってどれほど大きいのかを痛感させられました」。このような災害後の家族分離の影響について、オーストラリアの災害心理学者であるラファエルは、「災害直後の時期には、被災現場から遠ざけることで子どもを保護する傾向があるが、それは苦痛の緩和よりもむしろ親との別離による心の傷を加えることになりかねない」と指摘しています。[注2] そして、災害後の家族との分離は、子どもにとっても大人にとっても大きなストレス要因になるだけでなく、そのときの孤立感が長期的にもストレスの持続に関係することが調査の結果でも見出されています。

このような災害後の子どもの孤独感については、家族との分離だけでなく、転校などで新しいコミュニティへ参加する場合も注意が必要です。例えば、転校先のクラスで自分だけが取り残されているという感じを受けたり、仲間はずれやいじめられるなどの体験をすると、それが原因で不登校に発展したり、また挫折感や精神的苦痛が長期にわたって持続することもあります。そのため、災害後の子どもの転入の際には、子どもが学校やクラスになじめるように、担任の先生をはじめ学校全体での細かい配慮が必要になります。

## 5　災害後の挫折を克服する

前節では、心理的な問題を克服できる人とできない人の違いとして「孤独感のある・なし」との関連について紹介しましたが、もう一つの違いは「認知の仕方の違い」ということがあげられます。ここでの認知の仕方の違いとは、ある出来事は、その出来事を受け取る側の捉え方によって、その出来事の見え方も違ってくることを指しています。このような認知の仕方の違いは、被災者の場合でも、「災害の被害は大きかったけど、ここからがんばって生活再建をしていこう」と認知する人もいれば、「災害によってすべてを失ってしまった、もう人生は絶望しかない」と認知する人もいたりなど、同じ災害を経験してもその認知の仕方は、人によってそれぞれ違ってきます。と同時に、これまでの筆者の研究では、災害後の見通しや展望について、「絶望しかない」「生きがいがなくなった」「これからの人生に期待がもてない」など、今後の人生に対する否定的な認知をしている被災者ほど、長期的にストレスの度合いが高い傾向が示されています。つまり、同じ災害の被害に遭遇しても、その人が災害体験や自分のこれからの人生を肯定的に捉えるか、それとも否定的に捉えるかで、長期的にみるとストレスの度合いも違ってくることが見出されています。このことは、例えば、三宅島の子どもの場合でも、「自分は全島避難のおかげで都会での生活を体験することができたのでよい経験になった」「三宅島を離れたことで、島の良さがよくわかった。将来は島のためにがんばりたい」など肯定的に捉えていた子どもは、五年後の調査でもストレス度は低い結果となっていました。このことは、同じ災害や避難生活を体験しても、自分の置かれている状況に対する認知の仕方によって、ストレス度も変わってくることが推察されます。

　ところで心理療法の一つに、認知行動療法《にんちこうどうりょうほう》とよばれるものがあります。この認知行動療法とは、心の問題を生じさせているクライエント自身の否定的で、非合理的な捉え方や認知を改め、問題の解決に役立つ適切な行動をとれるようにすることを目的としている心理療法です。これまでの筆者の研究の結果でも見出されているように、被災者の認知の仕方の違いによってそのストレス度も変化するのであれば、認知行動療法はとても有効な治療になることが推察されます。

　また被災者との面接では、災害に遭遇したことで絶望している、生きがいがなくなった、これからの人生に期待がもてないなどの声をよく聴くことがあります。臨床心理学では、自分自身で問題を解決していく力を奪われた人が、その力を取り戻すことをエンパワーメントとよんでいます。このようなエンパワーメントの観点からみると、災害後の被災者は、まさに災害によってたくさんの人や物を喪失し、自分自身で問題解決をする力が弱っていることが多いのが実情です。そのため、被災者がエンパワーメントできるように、被災者を取り巻くみんなで支援や援助をしていくことも重要です。

注1　藤森和美（編）（一九九九）子どものトラウマと心のケア　誠信書房
注2　B・ラファエル（著）石丸正（訳）（一九八九）災害の襲うとき——カタストロフィの精神医学　みすず書房

第13章

# 注意欠如・多動症による挫折と変容

●中村千尋

## 1　注意欠如・多動症が成長にもたらす影響

注意欠如・多動症（Attention Deficit Hyperactivity Disorder：以下ＡＤＨＤと略記します）について、文部科学省は、「年齢あるいは発達に不釣り合いな注意力、及び／又は衝動性、多動性を特徴とする行動の障害で、社会的な活動や学業の機能に支障をきたすもの」と定義し、七歳以前に発症するとしています。[注1]年齢あるいは発達に不釣り合いな注意力は「不注意」ともよばれています。

注意とは多数の情報の中から情報を選択することを意味しています。注意をある一定時間持続させたり、必要に応じて注意を切り替えたりすることで様々な活動に取り組むことができます。そして、不注意とは情報選択にかたよりが生じた状態であり、その背景には脳の機能不全が関連していると言われています。具体的には、課題や活動を計画的に行うことが困難な状態や、課題遂行に支障をきたすほど気が散りやすく忘れっぽい状態があげられます。その一方で、興味、関心のあるものには没頭しやすく、簡単には終えられず、行動の切り替えが困難な執着を示すこともあります。さらに衝動性とは感情・欲求の統制ができず思いつきで突発的な言動をとる状態を、多動性とは落ち着きがなくしゃべり続けたり体を動かし続けたりする状態を指します。

ＡＤＨＤの障害特性（障害に起因する心理面・行動面の特性）は、規則やルールに基づいた集団活動が重視される児童期（学童期）あたりから目立つようになります。児童期は「勤勉性」を獲得する時期であり、その獲得のためには友人や教師との関係が重要といえます。勤勉性は心理学者エリクソンが提唱した概念で、自分の課題や目標の達成のために、衝動を抑制して勤勉に生きようとする姿勢を指しています。

また、勤勉性をある程度獲得すると自信が高まりますが、勤勉性の獲得に失敗すると劣等感が強まります。ＡＤＨＤには目標の設定や計画、注意の制御が難しいという障害特性があるため、勤勉性の獲得に支障をきたすことがあります。さらに、勤勉性の獲得が不十分なままに青年期を迎えると、集団アイデンティティや個人的アイデンティティの獲得にも問題が生じます（第１章参照）。

## ２　ＡＤＨＤによる学校場面での挫折——ある中学生（男子）の事例

ＡＤＨＤの青年が挫折に至る要因として、学校場面での友人関係の不成立や孤立、学業不振などがあげられます。以下に、ある中学生（男子）のＡＤＨＤによる挫折と立ち直りの経過について説明します。

＊＊＊

翔悟《しょうご》は幼稚園の頃から落ち着きのなさやケガの多さがみられましたが、そのような傾向は幼稚園児には珍しくないので特に問題にされませんでした。小学校低学年のときも翔悟だけが問題視されることはありませんでした。けれども、他の子どもたちが集団規範を身につけはじめると、集中して課題に取り組まなければいけない場面で壁に貼られている掲示物が気になったり、提出物の出し忘れが多かったりすることが少しずつ目立つようになりました。思いついたら周囲を確認することなく、すぐに行動する姿も気になるようになりました。特に道路への飛び出しや自転車のよそ見運転が度々あったので、周囲の大人が頻繁に注意・制止しました。しかし、翔悟は「確認しているのに怒られた」「前を見ているのに注意された」と注意を受け入れられませんでした。

小学校中学年になり、他の児童が成長とともに一段と落ち着きはじめると、翔悟の集団規範から逸《いっ》脱《だつ》したふるまいが際立って目立つようになりました。クラスメイトは翔悟と関わることに難しさを感じ、少しずつ距離を置くようになりました。しかし、翔悟は人間関係の様々な場面でうまくいかない原因がわからず、「僕はついていない。運が悪い」と結論づけていました。学習においても問題の読み間違えによるミスが多く、「せっかくやっているのに……」と不全感《ふぜんかん》を抱くようになりました。

そして、小学校五年生のある日、翔悟は駅の階段を降りる途中で、壁に貼られたポスターに目がいって注意が散漫になった結果、足を踏みはずして転落し大きなケガを負いました。ケガの悪化を防ぐために整形外科の医師による行動制限がかかりましたが、翔悟は安静にできませんでした。年齢にそぐわない行動を心配した両親は、その医師に相談し心療内科を紹介されました。心療内科を受診した翔悟はＡＤＨＤと診断されました。また診断を行った医師からは、翔悟が日常生活、特に学校での困りごとを自覚したタイミングで、薬物《やくぶつ》療法を実施することが望ましいとの提案がありました。

その後一年が経過しても、翔悟から「学校で困った」という言葉が出ることはなく、状況も改善しませんでした。医師が薬物療法について説明すると、翔悟は「困っていることはない」「僕は今のままで大丈夫」「薬は飲みたくない」と拒否しましたが、結局は服薬を了承しました。服薬を開始すると、不注意による失敗はかなり減少しましたが、多動で衝動的な側面や集団行動が難しい傾向は相変わらず続きました。

中学校に進学した翔悟は、明るく人懐こい性格ということもあり、最初は好印象をもたれてすぐに友人ができました。しかし、クラスメイトはしだいに翔悟の先述のような傾向に気づきはじめ、翔悟と関わることの難しさから距離を置くようになりました。小学校の頃にはそれでも何とか翔悟を受け止めるクラスの雰囲気がありましたが、中学校のクラスでは翔悟は完全に孤立しました。

翔悟は夏休み明けから「学校に行きたくない」と言いはじめ、不登校気味となりました。担任からスクールカウンセラーとの面接を勧められると、最初は拒否しましたが、やがて週に一度の面接を行うようになりました。面接では、初めは「仲間はずれにされる理由がわからない」「あいつらが僕をいじめる」とクラスメイトを責め、怒りをあらわにする状態が続きました。徐々に怒りが収まると今度は、「僕なんていないほうがいいんだ」と涙をみせたり、「僕がだめだから薬を飲んでいるんだ」と自分を責めたりしました。けれども、スクールカウンセラーとの面接を続けていく中で、翔悟には変化がみられました。心療内科でADHDと診断されたことの傷つきを打ち明け、「自分としては考えて動いているのに注意ばかり受ける」「自分としてはうまく計画を立てているつもりなのに失敗に終わる」と、今まで疑問に思っていたことを話しはじめました。

その後、翔悟はスクールカウンセラーとの継続的な面接をとおして、自分の苦手なことや本当に困っていることについて考え、自己理解を深めていきました。スクールカウンセラーは翔悟の話を受け止めながら内容を整理し、苦手なことや困っていることばかりではなく得意なことや好きなことにも目を向けられるように努めました。

例えば、翔悟は料理を作ることに興味がありましたが、ADHDの障害特性ゆえに全体像を把握して計画を立てることが苦手で、いつも手順を考えずに思いつきで調理するため上手に料理を作れませんでした。そこでスクールカウンセラーは一緒に何を作るかを決め、料理の手順を考える取り組みを始めました。また、翔悟の母親の協力を得て、翔悟と一緒に家庭でその料理を作ってもらうことにしました。

次回の面接では、手順どおりに作れたか、うまくいったところはどこか、何が難しかったか、次はどのような工夫ができるかなどについて話し合いました。スクールカウンセラーは母親とも面接を行い、料理の過程を振り返りながら、母親が翔悟の障害に由来する特性を理解し対応を工夫できるように支援しました。翔悟ができたことに目を向けられるように助言もしました。料理の計画・実行・振り返りを繰り返す中で、翔悟は自分ができること・できないことについての理解を深めました。つい衝動的に動きたくなる気持ちを抑えて調理の手順を記したメモを確認することに慣れてくると、少しずつ手際《てぎわ》よく料理を作れるようになりました。このような取り組みをとおして、翔悟は日常生活でも全体計画や実施手順に関心を向けて活動するようになりました。

## 3　学校場面における挫折の背景

翔悟の学校場面における挫折の経過について考えていきます。翔悟には幼稚園の頃からＡＤＨＤの傾向がうかがわれましたが、幼少であることを理由に周囲に受け入れられていたため集団に紛れて過ごしてきました。しかし小学校にあがり、規律に即して集団で行動することや、状況に合わせた言動をとることが求められるようになった段階で問題が顕在化しました。翔悟も何をすべきかについて一応は理解していたとしても、他のことに注意が向いてしまったり、思いついたことを行動せずにはいられなかったりして、年齢相応に行動することができませんでした。不注意や突発的な行動による失敗経験の積み重ねは、翔悟の自己肯定感を低める要因となりました。

また、周囲の大人は、ときには命の危険があるような不注意で突発的な行動に対して心配を強め、翔悟のためを思って注意・指導を繰り返したと思います。けれども、あまりにも度重なる注意・指導が、翔悟に自分自身に対する不信感を抱かせ、周囲に対する反発を募《つの》らせる原因となった可能性は否定できません。翔悟は注意・指導されている意味がわからない、あるいは注意・指導されても行動の改善につなげることができないために、「自分はだめなんだ」「僕はすぐに怒られる」というふうに自尊心の傷つきを負っていったのです。第１節で述べたように、児童期の課題は勤勉性の獲得にあります。この時期には、「自分は目標に向かってやり遂げられる」という有能感を身につけることが必要です。しかし、度重なる失敗と周囲の大人からの頻繁な叱責によって、翔悟は十分な勤勉性を獲得できずに劣等感が強まっていたと思います。

勤勉性の獲得が十分でなかった翔悟は、青年期前期になってさらに揺らぎました。この段階の課題は集団アイデンティティの確立にあり、自分について、また自分と仲間との関係についてあれこれ模索することが大切です。人間の心の資質・能力は段階的に形成されるので、勤勉性の獲得が不十分で、自分の否定的な側面や周囲との関係のこじれにばかり関心を向けている状態では、集団アイデンティティの形成は難しいでしょう。さらに翔悟の場合はＡＤＨＤの障害特性（多動で衝動的な側面や集団行動の難しさ）ゆえに、クラスメイトから距離を置かれてしまい、友人関係や仲間関係を築くことができず、疎外の状態に陥りやすい傾向にあります。問題を積み残したまま青年期後期を迎えると、個人的アイデンティティの形成も困難になります。

言い換えると、ＡＤＨＤの影響で失敗の多かった翔悟は、児童期にも集団適応が良好であったわけではなく、自分をどこかで否定的に捉えていたと思います。そのような背景をもちながら、中学校に入学し、クラスで新たな人間関係が形成できずに孤立した経験は、大きな挫折につながりました。児童期から積み重なっていた不全感や自尊心の傷つきが膨らみ、学校場面は翔悟にとって非常に苦痛なものとなりました。そのため、不登校というかたちでその場面を回避するという対応しかとれなくなりました。

## 4　ＡＤＨＤによる挫折と向き合うことの意味

青年期前期にＡＤＨＤによる挫折と向き合うことは大変なことです。なぜなら、障害理解と自己理解、および同年齢集団への適応の工夫を同時進行で進める必要があるからです。つまり、①ＡＤＨＤとはどんな特性をもった障害なのかを知ること、②障害特性と関連づけて自分が得意なこと・不得意なことは何かを理解すること、③不得意なことを補うためにどのような方略が立てられるかについて考えること、④集団への帰属意識を育むことなどの心の作業が、その後の人生をよりよく生きるために不可欠なのです。青年期後期にも同様の心の作業が続きますが、障害特性を視野に入れつつ将来の方向性も考えて、より包括的で安定した自分のイメージを確立することが課題となります。

ＡＤＨＤの青年が挫折を乗り越える段階は三段階に分類されます。まず障害の否認・怒りの段階があげられます。まだ十分に自分が確立されていない青年にとって、人間関係がうまくいかない原因が自分の障害にあると捉えることは非常に困難といえるでしょう。翔悟の事例でもわかるように、心の傷つきを避けるために相手に問題があることにしてしまい、強い怒りをぶつけることもあるのです。

次に、障害と向き合う段階があげられます。ＡＤＨＤの青年が独力で障害と向き合うことは難しいため、保護者・教師・カウンセラーなどの支援者に挫折経験を受け止めてもらう経験が重要です。受容される体験をとおして、ＡＤＨＤの青年は自分の傷つきに向き合えるようになります。ただし翔悟の事例にもあるように、青年が最初から素直に支援を受けるとは限らないので注意が必要です。

最後に、受容の段階が訪れます。翔悟も最初の段階では、スクールカウンセラーに対して「困っていることはない」と頑《かたく》なな態度を示していました。しかし、次の段階ではそれまで目をそむけてきた障害に関する疑問や困り感（障害に関連して困っていることがあると自覚していること）について話すようになりました。最後の段階では今まで自分がどのようなことに困ってきたかをスクールカウンセラーと共有し、苦手なことへの向き合い方を考えるようになりました。障害受容というと、障害のある自分をあるがままに受け入れるというイメージですが、実際は自らの障害特性について悩みながらも考えたり、対応策について考えて取り組んだりすることができるようになる状態のことを指すと思います。完全に障害を受容するということは難しく、障害特性をもつ自分を受け入れたり、受け入れられなかったりと揺らぎながら障害とつきあい続けるのでしょう。

またＡＤＨＤに対しては、薬物療法（投薬による治療）・心理療法（言語・非言語の関わりをとおして心理面の支援を行う治療）・作業療法（日常的な作業をとおして生活能力の改善を図る治療）が役立つと言われています。しかし青年が「やりたくないのにやらされている」と批判的な態度で行うと、十分な効果は見込めません。心理療法・作業療法の目的を理解して、「どのような訓練を行えば自分の不得意な部分を補うことができるのか」を考えることが重要なのです。

## 5　親や教師などの支援者に求められること

ＡＤＨＤの青年が学校場面の挫折から立ち直るためには、本人の主体的な動きが大切です。そのため、親や教師などの支援者は対応をあせることなく、少年・青年に寄り添いながら、一緒に悩み、今後の対応について考えていく姿勢が必要です。

支援者は青年の不注意による失敗や、衝動的な言動・けんかに日常的に関わることになります。あまりにも頻繁にトラブルが生じると、それがＡＤＨＤに起因すると理解していても、「それは失敗するよね」「これでは友人関係がうまくいかなくても仕方がない」と批判的な対応をしたくなることもあると思います。「それではうまくいかない。こうしたほうがうまくいくと思う。どうして言ったとおりにできないの」とアドバイスの中に苛立ちや叱責の要素が含まれてしまうかもしれません。

度重なるトラブルに憔悴《しょうすい》した支援者がこのような状態になることは自然なことですが、まずは気持ちを鎮《しず》めて青年の話に耳を傾ける姿勢が不可欠です。第４節に記しましたが、ＡＤＨＤの青年は挫折体験に寄り添われる体験をとおして、自尊心の傷つきと向き合い、幼少期から抱いてきた困り感について考えられるようになります。自分を丸ごと認めてくれる支援者がいると感じることは、青年の自己肯定感を高めることにつながります。つまりＡＤＨＤの青年が挫折を乗り越え立ち直り変容していくためには、支援者との安定した人間関係が支えとなります。

また、ＡＤＨＤの青年は障害特性ゆえに危険な行動や衝動的な行動をとることがあるので、支援者はそのような場面では強い禁止や制限を行うかもしれません。これも支援者としては当然のことといえるでしょう。しかし、翔悟の事例にあるように、強い禁止や制限が繰り返されると、自分を自然に愛する気持ちや支援者への信頼感が失われる可能性があるので、支援者のその後のフォローが重要です。

さらに、ＡＤＨＤの青年と支援者の気持ちがかみ合わず、両者が不全感を抱く場合には、挫折を抱えきれない事態も起こりえます。そのような状況を防止するためには、支援者を支える環境を整えることも不可欠です。事例にもあるように、スクールカウンセラーなどの第三者が母親などの身近な支援者から話を聞き、身近な支援者の気持ちを受け止めながら、どのように青年と関わっていくかを一緒に考えていくことは大切です。

## 6　ＡＤＨＤによる挫折を乗り越えるための心の作業の終結地点

ＡＤＨＤの青年が学校場面の挫折を乗り越えるためには、自分の障害、あるいは不得意な部分に向き合い、それをどのように補っていくかを考えることが重要です。しかし第1節で述べたように、ＡＤＨＤの背景には脳の機能不全が関連するため、自分自身のがんばりだけではうまくいかないこともあります。そのため、学業・仕事の失敗や対人関係の軋轢《あつれき》が完全になくなることはないかもしれません。

その一方で、ＡＤＨＤの青年は学校場面の挫折をとおして学業・仕事のうまくいかなさ、あるいは何が原因で人間関係の葛藤が起きているのか、どのように工夫すればよいのか、について体験的に学びます。失敗をできる限り冷静に受け止め、「次はこうしてみよう」と工夫し、問題とどのように向き合っていくかを考える姿勢を身につけることは、生涯にわたって障害とつきあっていく気持ちをもち続けるためには重要です。障害特性を理解し、自分のもっている能力を生かしながら、集団生活や友人関係、学業に取り組み続けることにより、障害とのつきあい方を学ぶことができるのです。

　青年期前期・青年期後期に、障害による挫折を周囲に支えてもらう経験をとおして、ＡＤＨＤの青年は自分が他者から大切に思われていることを実感します。うまくいかないことがあっても自分の価値が変わらないことにも気づきます。ＡＤＨＤのある自分が周囲から受け入れられているという意識をもつことは、集団アイデンティティの確立の基盤となります。また、障害のある自分をかけがえのない存在と確信することは、個人的アイデンティティの基礎となります。二側面のアイデンティティの確立によって、その後の人生でＡＤＨＤに起因するトラブルが生じたとしても、極端に自己卑下《じこひげ》することなく、また全面的に他者のせいにすることもせずに、前向きにトラブルに対処する姿勢は確実なものになると思います。

---

注1　文部科学省初等中等教育局特別支援教育課（二〇〇三）今後の特別支援教育の在り方について（最終報告）参考資料3・ＡＤＨＤ及び高機能自閉症の定義と判断基準（試案）等　http://www.mext.go.jp/b_menu/shingi/chousa/shotou/054/shiryo/attach/1361233.htm（二〇一九年八月一日閲覧）

# 第14章 自閉スペクトラム症による挫折と変容

●土屋真弓

## 1　自閉スペクトラム症とは

自閉スペクトラム症という概念が提唱されて久しくなります。インターネットの普及もあり、自分もそうではないかと思ってウェブ上でチェックテストをしたことがある、という人も少なくないでしょう。自閉スペクトラム症（Autism Spectrum Disorder：以下ＡＳＤと略記します）は発達障害の一つです。イギリスの児童精神科医ウイングは、ＡＳＤには「社会性、コミュニケーション、想像力」に質的なかたよりがあるとし、これを称して「三つ組の障害」と定義しました。[注1]

社会性の障害とは、「空気が読めない」「人の気持ちがわからない」というような社会の常識や暗黙のルールに無頓着《むとんちゃく》で、他者への関心が乏しい特性を意味しています。コミュニケーションの障害とは、冗談《じょうだん》や比喩《ひゆ》やあいまいなニュアンスがわからず杓子定規《しゃくしじょうぎ》に相手の言葉を受け取ってしまうとか、自分の興味や関心にそって一方的に話し続け、会話のキャッチボールができない特性をいいます。想像力のかたよりとは、興味・関心の範囲が限定されていたり、自分の決めたルーティンに固執する特性を指しています。すべてのＡＳＤは、その傾向の強さ、弱さに関わらず、この三つ組みをもっていると考えられます。これらの他に光や音への感覚過敏がみられることもあります。

## ２　ＡＳＤをもって社会の中で生きること――ある社会人一年目の青年（男性）の事例

昨今ではＡＳＤと診断される人の数が非常に多くなりました。しかしその傾向が軽いために目立たず、診断に結びつかないケースもあります。コミュニケーションに強いかたよりがあっても、高い知能水準にあるために学業には問題がなく、学生時代には診断されない人も多くみられます。そのため、就職といった人生の大きな節目《ふしめ》で障害が顕在化することがあります。社会人一年目の青年（男性）の事例を紹介します。

＊＊＊

大学を出てこの春から就職が決まった有希人《ゆきと》は、社会に出ることに大きな期待感を抱いていました。大学生活は勉強やアルバイトに忙しかったものの、留年することもなく無事卒業を迎えられました。就職先は大手企業で一般事務を担当しました。しかし、有希人はなかなか仕事に慣れることができませんでした。例えば、上司から指示されたとおりにやったと思っていたのに「肝心の部分が抜けているね」と言われ呆《あき》れた顔をされました。また、どういう資料を作成すればいいのかわからずにいると「全部言わなくてもわかるでしょう」とか「この間作ったのと同じでいいよ」と言われました。また別のときは「できるだけ早く仕上げてね」と言われたのですが、有希人にはそれがいつまでのことなのかわからずとまどっていると、「君はやる気がないの？　いったい資料はいつ仕上がるの？」と厳しく叱責されたのです。しかし、有希人はいったい自分がどうして叱責されたのかがわからず頭を抱えました。その後も上司に叱責されたり呆れられることが重なり、そのたびに有希人は頭の中が真っ白になり、何をどうすればいいのか、わからなくなってしまいました。そしてある日、会議の予定が急に変更になったと聞いたことで、有希人はパニック（突発的な不安・怒り・恐怖による極端に混乱した心理状態）になりました。それを見た上司は驚き、産業医との面談を有希人に勧めました。

産業医は有希人に、これまで発達の遅れを指摘されたことがあったかについて確認し、社会性やコミュニケーションのかたより、こだわりに関連するエピソードを聞きました。そのうえで有希人に自閉スペクトラム症ではないかと思うと伝え、精神科に行ってみるように提案しました。有希人はとても驚き、ショックを受けました。自閉スペクトラム症――それは初めて聞いた言葉でした。もし自分がＡＳＤだとしたらこれから仕事はどうなるのだろう、自分は将来どうなるのだろう、と有希人は不安と絶望でとまどうばかりでした。精神科には今まで行ったこともなく、何をするのか、どんなことを聞かれるのか、と不安だらけでした。しかし、自分の置かれている状況を考えれば有希人は受診をしないわけにはいきませんでした。

精神科医からはさらに詳しく、幼少期の発達の様子や、小学校から現在に至るまでの周囲の人との関係、コミュニケーションのもち方についての問診がありました。そして、そこでもＡＳＤの可能性を伝えられ、診断補助のために、①社会性やコミュニケーションの質を見極めるための質問紙、②ASDの特性があるかどうかを検討するためのウェクスラー式知能検査、③いま現在どの程度不安感や抑うつ感があるか、自分のことをどう捉えているか、どんな人間関係をもっているかを理解するための心理検査などを行いました。それらの検査から、やはり有希人には先にあげた三つ組の障害があることや、自己モニタリング（自分の行動や思考を自分で観察すること）があまり上手ではないことなどがわかり、有希人は再びショックを受けました。

しかし検査を担当した臨床心理士は、産業医や上司に有希人の検査結果を報告するだけではなく、有希人や家族へも結果をわかりやすくまとめて渡し、詳しい説明をしてくれました。文書には有希人のつまずきの元となった障害特性が記されており、それに対する対策が提案されていました。臨床心理士の説明を受けながら、有希人は自分の中に光が射《さ》して来るのを感じました。

さらに主治医からは提案内容を実践してもうまくいかないときは、精神障害者保健福祉手帳を取得し就労移行支援を受け、特例子会社（障害のある人の雇用の促進、そして安定を図るために設立された会社のこと）に入社したり、他の会社の障害者枠での雇用を希望すれば、障害があっても働き続けられると知らされ、有希人は深く安堵《あんど》しました。

一方、家族はとまどう有希人を見ながら、有希人が小さい頃から一人遊びの好きな一風《いっぷう》変わった子だったことを思い出していました。家族はずっと、いつかどこかで有希人はつまずいてしまうかもしれないと感じており、その予感が現実のものになったことに少なからずショックを受けました。しかし、ASDと診断されたことに納得しどこかホッとした面もありました。有希人はASDの診断を聞いてもふだんと変わらない様子の家族を見て、自分が受けいれられていると感じて温かい気持ちになりました。

また、職場の上司や同僚は、有希人がＡＳＤの診断を受けたという話を聞いて、やはりそうだったかと納得しました。それまで上司や同僚は、指示を出してもいっこうに上司に助言も求めず自己流で作業をする有希人に対してとまどい、ときには腹がたつこともありました。今まで自分たちのやって来たことが有希人にはうまく通じないことで、職場の上司や同僚たちもまた無力感や挫折感を味わっていたのです。そのため診断結果を聞いて、コミュニケーションがうまくいかない原因がＡＳＤにあることを知り、自分たちの違和感の答えが見つかった気がしたのですが、同時に、有希人に対して一体どんなふうに接したらいいのだろうと不安になりました。

けれども、その心配は杞憂《きゆう》に終わりました。有希人は臨床心理士からもらった結果を見せながら、自分があいまいな表現や暗黙のルールに弱く、「言わなくてもわかるでしょう」とか「できるだけ早く」などの言い方では何を求められているのかわからなかった、と上司に伝えました。そして、「この表と同じ表を作って」とか「〇月〇日までにやって」というふうに指示は具体的に出してほしいこと、臨機応変《りんきおうへん》に対処することが苦手であること、同時に複数のことをすることは苦手なので優先順位をつけてほしいこと、などを伝えました。上司は有希人の障害特性に合った環境を提供することの重要性を理解し、すぐに配置転換を提案しました。有希人は自分の障害特性を自分で伝え、それをちゃんと理解してもらうことができたのです。

新たな職場はルーティンの仕事が繰り返され、突発的な変更はほとんどない部署でした。時間はかかるけれども毎日同じ仕事を正確に仕上げる有希人に、周囲の人も安定感と安心感を抱くようになりました。有希人は障害のある自分が会社の一員として認められ、やりがいをもって仕事ができると実感し、大きな希望を得ることができました。

## 3　ＡＳＤによる挫折の背景

ニューマン夫妻によると、青年期は前期・後期に分けられます。青年期前期の発達課題は、特定の集団への帰属意識を育むことです。青年期後期の発達課題は、自分の特性を深く理解してあるがままの自分を肯定的に捉える、という意識を形成することです（第1章参照）。有希人の場合はＡＳＤの特性が影響して、青年期前期には仲間集団への帰属意識が形成されにくく、青年期後期に入ってからは自己理解が進みにくかったと思います。

では、そのような状態にあった有希人がどうして大学を卒業するまで挫折せずに来られたのでしょうか。第一の要因としては、パターン的な活動を得意とするＡＳＤの特性が関連しています。一般にＡＳＤの青年はその障害特性ゆえに、真面目で、決められたことに集中して取り組む粘り強さがみられます。有希人もそのような傾向をもっていたため、学生時代の授業を中心としたルーティンワークを行う生活の中では、大きくつまずくことにはならなかったのです。

第二の要因としては、有希人の周囲の人（両親・友達・学校や大学の先生・アルバイト先の人など）が有希人をそれとなく手伝い、挫折しないように支えてきたことがあげられます。彼の障害に気づいていた人もいたかもしれませんが、有希人を支えることは特別なことではなく自然なことだ、という温かい雰囲気があったのかもしれません。

しかし就職すると、今までのようにいつも誰かがそっと助けてくれるとは限らず、困ったことが起こったときは自分から相談し、周囲の助けを借りなければいけません。指示されなくても周囲の人のやっていることを見て、自分が求められていることを理解し対処することが期待されます。また、学生時代のルーティンワーク中心の課題ではなく、急な変更に臨機応変に対処し、期限内に一定の成果をあげることが求められます。いくつかの案件を抱えて自分で段取りや計画を立てる必要もあります。そして、その組織で通用する社会人としてのマナーやルールを守ることも期待されます。有希人の職場の上司や同僚もこのような対応を期待していましたが、そのどれもが障害特性ゆえに有希人の苦手なことであり、有希人は一人で抱え込みパニックになってしまったのです。

それに加えて、有希人には検査でわかったように自己モニタリングの難しさもありました。有希人は今まで自分がどういう人間で何ができるのか、できないのか、得意なことは何か、苦手なことは何か、それに対してどう工夫するのか、さらに自分にはどんな仕事が合っているのかを吟味しないまま就職して、ここまで来てしまったのです。

## 4　ＡＳＤの障害特性をもつ青年の挫折からの変容過程

では、有希人がこの挫折から立ち直るプロセスはどうだったのでしょうか。三つの段階に分けて説明します。最初は「障害の告知ととまどいの段階」です。ＡＳＤの青年は、自身の障害特性に無自覚なことが少なくありません。先述の事例でも有希人は、社会人になるまでは、大きなつまずきもなくここまで来たと思っていたのです。有希人にとっては上司から叱責されたこと、精神科受診を勧められたこと、ＡＳＤと診断されたこと、そのどれもが青天《せいてん》の霹靂《へきれき》であり、深い傷つきとなりました。そのため有希人は、当初は診断を受けることの本来の意義を見出すことができませんでした。しかし、たとえ他者に勧められたことがきっかけだったとしても、精神科の門をくぐったことで、ＡＳＤの障害を受容する準備は始まっていたのです。

　また、ＡＳＤの人はときには診断結果を学校や職場に開示した際に偏見《へんけん》や誤解を受けることもありますが、それ以上に診断によって受けるメリットは大きいでしょう。先述の事例でも、診断によって、有希人自身はもちろん、有希人の家族や職場の人にも、有希人との関わりの中で生じる不安ととまどいの「正体」がわかり、安堵や希望が生まれました。

　そして次は「青年と家族の障害受容の段階」です。たとえメリットがあったとしても、障害がはっきりすることへの不安や抵抗は、どんな人でも強いものです。有希人も失意のうちに検査を受けましたが、自分の障害特性について精神科医や臨床心理士から説明を受けるうちに、検査や診断が単にレッテル貼りをするためのものではなく、自分の障害特性を理解し、それを周囲にも理解してもらうための対応策を講じるうえで役立つことを理解しました。そして、ＡＳＤの青年は、検査や診断によって、自分の障害のことは自分で理解していかなければいけないと気づくのです。有希人の場合もこの気づきが変容のターニングポイントになりました。

では、どうしてこのような洞察がターニングポイントになりえたのでしょうか。それは検査結果に「障害特性の説明」だけでなく、「障害特性への対策」が明示されていたからです。もし障害特性の説明だけが行われたのであれば、有希人は障害をもつ自分を受け入れられなかったかもしれません。「障害はあるけれど対策を立てることができる」という確信を得たことが、有希人にとっては自分自身への強い希望になったのです。そして、この希望こそが有希人が挫折を乗り越えていく鍵になったのです。このように、昨今は多くの専門機関で、障害特性だけでなくその対応策を本人と共有することを重視しています。

また家族も、青年同様にＡＳＤの診断にショックを受け、ある種の挫折を経験します。家族の中には、それまで自分自身や他の家族構成員にＡＳＤの傾向があることをどこかで感じながら、はっきりと認識することを避けていた人もいるのです。ＡＳＤには遺伝の要因もあるからです。しかしそうであればこそ、家族がＡＳＤをもつ自分や他の家族構成員を受け入れ肯定することが、障害をもつ青年を受け入れ肯定することにつながっていきます。このような家族のＡＳＤへの共感的な理解の深まり方や、家族自身の障害受容への取り組み方、つまり、家族が自分の挫折を乗り越えていこうとすることが、青年本人が障害のある自分を受容し前に進むための原動力になるのです。

最後は「職場の協力を求め、職場に適応する段階」です。ＡＳＤの人が障害ゆえの特性を理解して職場で説明できるようになると、職場でも支援体制を整えられるようになります。先述の事例でも、当初職場の人々は、有希人の社会性の低さやコミュニケーションのかたよりに違和感を抱き、強い無力感や怒り、あせり、イライラなどを感じ挫折を味わいました。しかし有希人が自分の障害について自覚し、障害ゆえの苦手なことを説明し、「こうしてほしい」という要望を伝えた結果、職場では有希人をより深く理解し障害特性に合った対策を講じることができました。ＡＳＤの青年と職場の人が情報を共有して対策や工夫をすることができるとわかったことで、両者に希望が生まれたのです。

## 5　親や職場の人が支援をしていくために

ＡＳＤの人はその傾向の程度に差はあるものの、基本的に「他者からの視点」をもつことが困難です。つまり、他者からみえる自分を客観視したりイメージしたりすることができないので、自己理解と障害受容がなかなか進みません。そのため、まずは家族をはじめとする周囲の人が、青年のＡＳＤの障害特性を理解し受け入れることが大切です。ＡＳＤの青年は、身近な他者の瞳に映った、愛され信頼され受け入れられている自分を自分の中に取り入れていくという「入れ子」のかたちで自己理解や障害受容を深めていきます。

周囲の人は、ＡＳＤの青年を受容するという課題に取り組むとともに、青年との関わりからひき起こされた自分自身の挫折感や無力感を乗り越えるという課題にも取り組む必要があります。青年の障害を受容することと自分自身の自信を回復することを同時並行で行うのです。周囲の人はＡＳＤの青年を理解し対策や工夫が可能とわかることで、自分自身に希望をもてるようになるでしょう。

しかし、ＡＳＤの青年や身近な人がこれらの課題に取り組むことは大変なことです。それゆえ、青年や身近な人がＡＳＤの検査や診断で、希望をもてないほどショックを受けた場合は、当該の精神科で、診断や検査結果を生かす方法について再度、十分に話し合うことが大切です。青年や身近な人がカウンセリングを受けて気持ちを整理することも役立ちます。

もしＡＳＤの青年が希望を見出せず、障害特性の受容が進まない場合は、青年期の課題である精神的・経済的な自立に影響することもあります。特に本人が障害特性をまったく自覚できない場合は、自身の「適応」と「自立」を生涯自分以外の人に委ねることになり、すべてが「親がかり」「他人任せ」のままになってしまいます。青年を支えていた周囲の人もしだいにそれが負担になっていき、人間関係は悪くなっていくかもしれません。青年が診断を受け障害を受容することは、自分自身を理解し「自立」するための一歩になるのです。

## 6　挫折を乗り越えた心の作業の終結地点にあるもの

これまで述べてきたように、ＡＳＤの青年が挫折を乗り越え変容するためには、障害特性をもつ自分に希望をもてるようになることが重要です。そのためには家族をはじめとする周囲の人々も、自分自身に希望をもてるようになることが鍵になります。このようにＡＳＤの青年の自己理解と障害受容は、家族をはじめとする周囲の人との間で「入れ子」のかたちでなされるとともに、周囲の人自身の自己理解と障害受容もまた同時並行的に行われる二重構造のメカニズムがあることに、その特徴があります。

そして挫折を乗り越え変容するということは、単に障害を受容することにとどまらず、最終的には社会の中で、性格特性と障害特性があいまって作られた自分らしさを生かすことができる、という確信を得ることに他なりません。その確信が希望なのです。言い換えれば、障害のある自分が社会の中で、その個性を認められながら生きていけるという確信こそが、ＡＳＤの青年が挫折を乗り越えた心の作業の終結地点にあるものといえます。

社会の中で自分の特性を生かせる場所をみつけることは、ＡＳＤをもつ青年に限らずすべての青年に共通する普遍的なテーマであり、それが達成できたときにこそ、青年は自己を確立したといえるでしょう。

注1　Ｌ・ウイング（著）久保紘章・佐々木正美・清水康夫（監訳）（一九九八）自閉症スペクトル――親と専門家のためのガイドブック　東京書籍

# 第15章 うつ病による挫折と変容

●安藤嘉奈子

## 1 うつ病の定義

うつ病はめったにかからない珍しい病気ではなく、誰でもかかる可能性のある身近な病気という意味合いで、心の風邪とよばれることがあります。一般的には、一五〜一六人に一人が一生に一度はうつ病にかかると言われています。うつ病の中核的な症状には抑うつ気分と興味や喜びの喪失《そうしつ》があります。抑うつ気分とは、憂うつで重苦しい気分や物悲しい気持ちになったり、空虚感《くうきょかん》や絶望感を抱いたりすることです。興味や喜びの喪失とは、何事にも興味や関心をもてなくなり、やる気や強い意志、および幸福感や充実感が失われることです。

喜怒哀楽《きどあいらく》という四字熟語が示すとおりに、人間の気分や感情はいつも同じではなく刻々《こくこく》と移り変わってゆきます。例えば、家族と談笑して明るく楽しい気分でいたのに、一人になったとたんに物悲しい気持ちになったという体験は、誰にでもあるでしょう。さらに興味や意欲も常に一定ではありません。例えば、長時間にわたって集中力を持続させて学業や仕事に取り組める日もあれば、まったく意欲がわかない日もあります。

では、健康な範囲内でのうつ状態とうつ病の相違は何なのでしょうか。両者の線引きはなかなか難しいのですが、健康な範囲内でのうつ状態は標準的な睡眠・休息・気分転換の時間を確保することで解消されます。このような工夫を行っても抑うつ気分と興味や喜びの喪失が相変わらず持続し、日常生活に著しい支障がでている場合にはうつ病にかかっている可能性があります。

## 2　闇の荒野をさまよう体験——ある大学生（女性）の事例

青年期前期には、高等学校のコースの選択や大学の学部・学科の選択といった将来の職業選択につながる進路選択を行い、進路に関連する資質・能力の研鑽を積むことが課題となります。青年期後期には職業選択を行って、職業に関連する資質・能力の獲得に励むことが課題となります。けれどもうつ病を発症すると、青年が望むと望まざるとにかかわらず休養が必要になります。つまり、青年期前期・青年期後期のうつ病に関連する典型的な挫折には、それまで向き合ってきた人生目標や学業・仕事の一時中断ないしは断念があげられます。ある大学生（女性）のうつ病の発症から回復までの経過についてみてゆきましょう。

＊＊＊

望実《のぞみ》は大学の看護学部の三年生で、後期はずっと看護実習に取り組んでいました。看護実習とは看護の基礎能力の獲得のために、看護学生が病院・診療所・福祉施設で行う実習です。望実は役割や環境の変化に戸惑いを感じ、患者とのコミュニケーションがうまくとれなかったり滞《とどこお》りなく業務が行えなかったりしました。指導者からは厳しい助言を受けました。一緒に看護実習を行った他の学生も同様の失敗をして指導を受けていましたが、仲間同士で愚痴を言い合い慰め合っていました。望実も弱《よわ》音《ね》を吐きたいと思いましたが、真面目で責任感の強い性格ゆえに、ミスをしたのに文句を言ってはいけないと自分をきつく戒《いまし》めました。そして誰にも頼らずにひたすら努力を重ねました。

けれども、望実はしだいに抑うつ的になりました。特に毎晩自宅で看護実習記録を書いていると失敗体験にとらわれて眠れなくなり、絶望的な考えが不思議なくらい次々と脳裏をよぎりました。自分は失敗ばかりしている。明日もきっと失敗する。もうこれ以上はがんばれない。自分がいなくなってもきっと誰も困らない。自分は生きる価値のない人間なのかもしれない。いっそのこと消えてしまいたい。望実は心も体もすっかり疲れ果て、自分の周りに闇《やみ》の荒野《こうや》が広がったような感覚を抱きました。闇の中で方向を見失い、抜け殻のようになって荒野をさまようイメージがわいてきたのです。

不眠が続いて集中力が低下し、望実は看護実習でもぼんやりしていることが増えましたが、それでも何とか最後までやり遂げました。しかし、後期の授業が終了し春休みになっても体のだるさや倦怠《けんたい》感《かん》がとれず、朝起きられなくなりました。看護実習のことを考えるとつらくなるので、自室で映画や音楽を視聴して気を紛らわせましたが、楽しむことはできませんでした。やがて家族と関わるのがおっくうになり食事をするのも面倒になって、思考や感情が停止したまま一日中布団にくるまってじっとしているようになりました。それを怠けと誤解した両親は生活を改善するように度々強く言いました。その度にまるで発作のように自己嫌悪感が高まり望実は泣きじゃくりました。そのただならぬ様子を心配した両親は望実を説得して病院に連れてゆきました。

病院ではうつ病の診断が下されました。医師からは、①生活面・行動面の乱れはうつ病によるもので怠けではないこと、②しばらく完全休養の必要があること、③うつ病の回復過程には個人差があるものの十分に休養すれば必ず治ること、④早期発見ができてよかったこと、に関する説明がありました。抗《こう》うつ薬《やく》も処方され、以下の注意事項が伝達されました。①抗うつ薬は脳の機能不全を改善する目的で服用すること、②薬の服用により気分は楽になるけれども効果が出るまでには最低でも一〜二週間かかること、③抗うつ薬には眠気や便秘のような副作用があること、④副作用が出たら勝手に服用を中止せず医師に相談すること、⑤医師は患者の話を聞いて薬の種類や量を調整すること。

さらに医師からは休学を勧められました。望実は両親とも相談し、四年次にも看護実習があることを考慮に入れて一年間の休学を決めました。問題が先送りされた安堵感と抗うつ薬の作用によって、その後の望実は昼も夜もなく眠り続けました。深い睡眠がとれるようになると、うつ病の影響を受けて砂を噛《か》むようで味がわからなかった食事もおいしく感じられるようになりました。悲壮な考えや激しい劣等感にさいなまれることも少なくなりました。体調や気分が徐々に回復すると、ただゴロゴロしているのではなく何かやりたいと自然に思えるようになりました。そこで家族と一緒にテレビを見たり好きな漫画を読んだりしました。やがては軽い運動や散歩を始め、ある程度集中して家事や勉強にも取り組めるようになりました。

治療開始から三ヶ月ほど経過したある日、順調な回復を実感した望実は思い切ってショッピングモールと図書館に出かけて一日中精力的に活動しました。しかし高揚感《こうようかん》を抱いたのも束の間、翌日には電池切れのロボットのように体が動かなくなりました。望実はこのままでは復学できないと悲観しました。そして両親に、うつ病の症状が最も悪いときよりも不安やあせりが強まったことを打ち明けました。両親は冷静な頭と柔軟な心で望実を受け止め、まずは治療を優先し進路については回復後に考えようと提案しました。望実は胸をなでおろし、一人で抱え込まずに家族に支えてもらうことの大切さを痛感しました。

本当の意味で生活リズムと気分・感情が安定したのは、治療開始から半年ほど経ってからでした。医師の指示により抗うつ薬の量は徐々に減らされました。その後も落ち着いた状態が続いたので、やがて投薬治療は中止となりました。ただし医師からは、うつ病の再発の有無を確認する必要があるため、しばらくの間は定期的に診察に通うように言われました。

また、望実はうつ病の再発を防ぐ目的で、医師から紹介された公認心理師のもとに通って、心理療法の一つである認知行動療法を受けはじめました。この療法をとおして望実は、自分にはうつ病につながりやすい自己否定的な思考の癖《くせ》があると気づきました。そして、何でも悪いほうに考えてしまうところがなくなれば、夢がかなうかもしれないとかすかな希望を抱きました。優しく世話好きな望実は看護師になることが幼少の頃からの夢でした。けれども、看護実習の失敗やうつ病の発症を踏まえて、看護師の適性がないと消極的に考えていました。しかし、進路変更をすぐには決めないで看護実習に再挑戦し、それでも駄目ならば諦めようと少し前向きに捉えられるようになりました。望実は闇の荒野で一筋《ひとすじ》の光を見出したように感じて、看護学部に復学する決意を固めました。

うつ病の診断から一年が経過する頃には、医師から、もう通院の必要はないと告げられました。すでに復学の準備を進めていた望実はひとまず安心しましたが、復学後の最初の看護実習には慎重《しんちょう》に取り組みました。悪いほうに考えやすい心の癖は簡単には変えられなかったものの、失敗を気にしてふさぎ込むことを避けるために気持ちの切り替えに努めました。例えば他の実習生とは失敗体験を共有して励まし合いました。迷惑をかけてはいけないと心を閉ざすのではなく、指導者や家族に自分の状況を説明して援助を求めました。看護実習記録を書く際にはこだわりすぎずに効率よくまとめ、失敗は成功のもとと自分に言い聞かせました。そして寝つきをよくするためにゆっくりと入浴してストレッチ体操を行うと、さっさと布団に入りました。周囲の協力を得て看護実習を乗り切ると、望実は闇と光が溶け合い一体化した瞬間に立ち会ったようなみずみずしい感動を覚えました。

挫折から立ち直りまでの体験を経て、望実はありのままの自分を受容し他者にも開示して助けを求めることの重要性を知りました。幼少の頃から優等生でとおしてきましたが、常に完璧《かんぺき》でなくてもよいと考えるようになりました。通常よりも遅れて看護師になり診療所に就職した今では、挫折を乗り越えて自分の夢や希望を実現したことが仕事の原動力となっていると思っています。

## 3　うつ病の発症の背景にあるもの

第1節で述べたように、うつ病の主症状は抑うつ気分と興味や喜びの喪失です。それらの症状が一定の期間継続し、日常生活に大きな支障をきたしていることが、うつ病かどうかを判断する指標の一つとなっています。うつ病ではそれ以外にも、①食欲不振や過食、味覚の異常などの食の問題、②不眠、熟眠感のなさ、過眠などの睡眠の問題、③焦燥感《しょうそうかん》・不安、④疲労感・倦怠感、⑤自己否定感、⑥思考力・集中力の減退、⑦自殺願望や自殺の試《こころ》み、といった症状がみられます。

　これらの症状は脳の機能低下によって引き起こされます。脳には神経細胞《しんけいさいぼう》、つまり情報処理と情報伝達に特化した細胞が無数に張りめぐらされています。そして、神経伝達物質《しんけいでんたつぶっしつ》、すなわち神経細胞間の情報伝達に関与する化学物質のやりとりをとおして心身の機能を統制しています。うつ病発症のメカニズムは完全には解明されていないものの、精神安定に関係するセロトニン、恐怖や驚きをつかさどるノルアドレナリン、喜びや快楽に関連するドパミンの分泌異常《ぶんぴついじょう》が影響することがわかっています。

　神経伝達物質の分泌異常は、複数の要因が複雑に絡み合って生じます。最も大きな作用を及ぼすのは環境の要因と言われています。具体的な内容としては、①家庭・学校・職場における人間関係のトラブル、②周囲から期待される役割の変化、③死別や離別、④仕事・財産・健康といった自分にとって大切なものを失うこと、があげられます。このような環境の変化による心理面・身体面の疲労の蓄積がうつ病発症の大きな引《ひ》き金《がね》となります。

　性格傾向も発症の要因と捉えられています。精神医学者テレンバッハは、うつ病になりやすい人の病前《びょうぜん》性格、つまり病気が発生する土壌《どじょう》となる性格特性に着目して、メランコリー親和型という性格のタイプを提唱しています。[注1] このタイプの人は秩序《ちつじょ》を守る気持ちや責任感が強く、何事にも熱心に取り組みます。思いやりが深く世話好きで献身《けんしん》的な側面も有しています。しかし、それらの特性が高じると完璧主義になり、評価を気にして他者に配慮しすぎる面が出てきます。そのため、適応困難な状況に陥っても根《こん》を詰めて活動を続け、疲弊した末にうつ病を発症することになります。

さらに身体疾患も発症の要因と言われています。特に脳の血管が詰まったり破れたりする疾患である脳卒中《のうそっちゅう》の、うつ病発症への影響は広く知られています。脳卒中によって気分や感情に関わる脳の部位が直接に障害された結果として、うつ病が出現した事例は数多く報告されています。脳卒中により体の機能に支障をきたしたことへの強い心理的ショックから、うつ病が発現した事例もあります。

第2節の事例を振り返ると、望実は通常の大学生活から緊張感の大きい看護実習におもむくという環境の変化に遭遇し、心理面・身体面の負担を感じています。けれども真面目で責任感が強く、自分に厳しく他者に優しいという性格傾向をもつために、つらいのを我慢して無理を重ねました。しかし、結局のところ思いどおりの成果をあげられず、失敗体験を想起しては気分が落ち込むという悪循環が始まりうつ病になったのです。

## 4　うつ病による挫折と向き合うことの意味

うつ病の発症から回復までの過程は、急性期《きゅうせい》・回復期・再発予防期に大別されます。また、うつ病の治療は休養・環境調整・薬物療法・心理療法を主軸として行われます。各時期の過ごし方や挫折と向き合うことの意味について整理してゆきましょう。

急性期はうつ病の顕著な症状が続いている時期で、症状の軽減が課題となります。症状を緩和するうえで重視されているのは心身の十分な休養です。質の高い静養のためには家庭・学校・職場の協力を得て学業や仕事の負担を軽減し、療養のための環境調整を行うことが不可欠です。また、脳の機能改善に役立つのが薬物療法なのですが、服薬の過程では効果や副作用に関する様々な不安が生じます。しかし、そのような不安は、何でも相談できる医師を探して丁寧なコミュニケーションを心がけることによって解消されます。

望実の事例にもあるように、病者の立場を経験することをとおして青年はただがむしゃらにがんばり続けるのではなく、問題や課題からいったん離れて休息することの重要性に気づきます。人間関係上の問題や自己成長のために乗り越えるべき課題に真正面から向き合い、積極的に解決を図る姿勢はよりよく生きるための必須要件《ひっすようけん》と言えます。けれども、問題や課題が短期間で解決されることはまれなので、過剰なストレスを抱え込んで奮闘《ふんとう》すると、心のエネルギーをすぐに使い果たすことになります。心身の健康を維持しながら長い人生を歩むことを念頭に置くならば、問題や課題が解決されるまでの持久戦《じきゅうせん》を乗り切るための知恵や技能を身につける必要があります。急性期には、青年はメリハリをつけて事に当たるコツを学ぶためのスタートラインに立つのです。

回復期はうつ病の症状がある程度落ち着いた時期で、生活リズムの調整が課題となります。規則正しい起床・就寝と栄養バランスのよい食事を心がけ、体操・散歩・読書などの活動を適度に行って通常の生活に戻してゆきます。ただし症状にはまだ波があるので、望実のように活動範囲を一気に広げてがんばりすぎると症状が急に悪化することがあります。つまり、回復期には休息と活動の均衡を保つことが大事です。また、うつ病の最も重い時期には停止していた思考機能がよみがえってくるため、自己否定的な感情が激化すると、自殺の危険性が高まることを視野に入れておきましょう。回復期の一進一退《いっしんいったい》の症状につきあうことをとおして、青年は自分の状況を忍耐強く受容し、感情を統制して問題解決を図る視点を養います。性急に解決を急ぐよりも、長期的かつ包括的な視野から解決を図ったほうが安全で確実なことを学ぶのです。

再発予防期は症状がほぼ消失した時期で、社会に復帰《ふっき》し学業や仕事に取り組みながらうつ病の再発を防ぐことが課題となります。再発防止のためには、症状が消失しても一定期間抗うつ薬を服用することが基本となるでしょう。全治療が終了してからは経過観察、すなわち医師が治療をせずに患者の状態を定期的に確認するための診察に通う努力が欠かせません。さらに心理療法を受けることも有意義です。特に望実の受けた認知行動療法は、うつ病に特徴的な否定的な思考を見直すために役立つので、再発防止の効果が認められています（第17章参照）。復学・復職は段階的に進めることが推奨されます。近年では医療機関や企業によってリワークプログラム、または復職支援プログラムが準備されていることもあります。再発予防期の復学・復職の過程をとおして、青年は自分の心身の状態や進路に関する考え方を伝えて、周囲の理解や支援を求めることの大切さに気づきます。理想や固定観念に縛られず状況に合わせて、生活設計や人生計画を臨機応変に変更することの重要性も学び取ります。

## 5　うつ病の青年に対して身近な支援者ができること

うつ病の青年に対して、親や教師に代表される身近な支援者ができることは何なのでしょうか。急性期・回復期・再発予防期をとおして一貫して重要になるのは、適切な心の距離を保ちつつ、客観性と共感性の両方に重きを置きながら関わることです。

急性期には、身近な支援者がむやみに学業や仕事への復帰を話題にして励ましたりせず、青年がゆっくりと休める環境を整える工夫が不可欠です。青年のうつろな様子を目の当たりにすると、身近な支援者は、早く治したいという切迫感《せっぱくかん》や見るに堪《た》えないという悲痛感を抱くことでしょう。けれども、自らの不安を解消するために過剰な世話を焼いたりあれこれと干渉したりすることは、青年が安心して療養するうえでの足枷《あしかせ》となります。望実の両親もそのことに気づいてからは過不足のない支え方を心がけています。

回復期・再発予防期には、青年の自己嫌悪感が強まったときに、身近な支援者がその感情に巻き込まれて動揺し、青年に同調して振り回されることのないように留意する必要があります。また望実の事例にもあるように、身近な支援者が、うつ病が十分に回復した後に学校や職場に復帰することの意味を伝えることは重要です。そのような働きかけは青年の将来に対する不安やあせりを鎮め、うつ病の悪化や再発を防止するための安全装置の役割を果たします。

## 6　うつ病による挫折を乗り越えるための心の作業の終結地点

本章の冒頭で述べたように、うつ病は心の風邪とよばれることがあります。しかし、うつ病は風邪のように短期間で治るものばかりではなく、学業や仕事の挫折を余儀《よぎ》なくされることもあります。それに加えてうつ病の諸症状に苦しんだり、抗うつ薬の副作用に耐えたりするのは本当に大変なことです。けれども、なぜそのような苦痛がもたらされたのかを振り返ることによって、生き方や人生観の変容が生じます。その結果、新しい目標を見つけて進路変更を行う人もいるでしょう。もといた学校や職場に戻る人もいますが、その場合でも人との関わり方や学業・仕事への取り組み方は以前とまったく同じということではないのです。言い換えると、うつ病の意味について自らに問いかけることが、未来予想図を柔軟に書き換えられる心の資質を育て、その資質がうつ病による挫折を乗り越えてより自分らしく生きる力の基礎となるわけです。うつ病による挫折を乗り越えるための心の作業の終結地点はどこなのか、については一概には言えないですが、青年がうつ病から回復し新しく生きはじめた時点が一つの大きな節目となります。

ただし、うつ病は再発しやすい疾患なので社会に復帰した後にも、同じ病を繰り返さないための予防の視点からセルフケアを心がける姿勢が不可欠です。青年期前期・青年期後期にうつ病に直面した人は、うつ病の症状をただやっかいなものと捉えるのではなく、心身の健康のバロメーターと考えるようになります。自己観察の方法を身につけ、少し抑うつ的になっているから休息をとろうというふうに工夫できるようになるのです。一病息災《いちびょうそくさい》ということわざのとおりに、何らかの持病のある人のほうが病気の経験がまったくない人よりも、心身の状態に関心を向けて生活環境を調整するため、長い目で見れば健やかでいられるのです。

注1　H・テレンバッハ（著）木村敏（訳）（一九八五）メランコリー〈改訂増補版〉みすず書房

# 第16章 統合失調症による挫折と変容

●齋藤由布

## 1 統合失調症とは何か

統合失調症《とうごうしっちょうしょう》は一〇〇人に一人弱がかかる珍しくない精神疾患です。また、多くは思春期から三〇歳ごろまでに発病するといわれています。この疾患は「よくわからない怖い心の病気」という偏見をもたれやすいのですが、いったいどんな病気なのでしょうか。

私たちはふだん、ものごとを見たり聴いたりして情報を集め、その情報を整理し判断したり、様々な感情を生起させたり、自分なりの方向性をもって行動したりしています。これらは脳内の精神機能の複雑なネットワークがうまく働いてはじめて成立するものです。しかし、統合失調症では精神機能のバランスが崩れてしまい、思考・感情・行動がまとまらなくなり、幻覚《げんかく》（実際にはないものが見えたり聴こえたりすること）や妄想（現実にはありえないことを信じ込むこと）といった症状が起きます。つまり、精神機能の統合が失調する病気（症）なのです。

統合失調症の原因については、様々なストレスが重なってその人の堪えられる量を超えると発症するという説（ストレス脆弱性仮説《ぜいじゃくせいかせつ》）や、脳内の神経伝達物質ドパミンのバランスが崩れているとする説（ドパミン仮説）がありますが、はっきりとはわかっていません。しかし、薬物療法で神経伝達物質のバランスを取り戻すことと、休養をとってストレスを管理することで、統合失調症の多くは回復します。ただし、ある程度の回復後も、バランスを維持するために薬物療法の継続が必要です。さらに、薬物療法だけでなくリハビリテーションも再発予防のために重要といわれています。

## 2　妄想と幻聴を乗り越えて――ある青年（男性）の事例

統太《とうた》は大学で工学を学んだ後家電メーカーに就職し、部品を検査する部署に配属されました。先輩に教わりながら一生懸命取り組みましたが、慣れない作業はなかなかうまくいきません。慎重に仕事に臨んだものの、ミスばかりしてしまいあせりが募りました。一日の仕事を終えて休むときも翌日の仕事を思い緊張し、小さな物音も気になってだんだんと眠れない日が増えていきました。

ある日統太は、自分が作業を間違うと必ず笑い声がすることに気づきました。上司や先輩がいつも自分のことを見張っているように思って怖くなり、周りの気配を警戒《けいかい》するようになりました。そのうちに「まだ終わらないのか」「そんなこともできないのか」と統太を叱責する声やばかにする声も耳につくようになりました。奇妙に思えたのですが、その声は統太が休憩時間にトイレに行っても、仕事を終えて家に帰っても聴こえるようになりました。これは嫌がらせだと思ったものの、誰かに助けを求めるとばかにされるに違いないと感じて、統太は混乱しながら一人で悩みました。

眠れない日が続き食事も喉《のど》を通らず、統太は少しずつやせました。心配した同僚の勧めで統太は会社の健康管理室に相談しました。すると産業医から精神科の受診を勧められました。「精神科」という言葉に統太はショックを受けました。それまで自分がかかるとは想像したこともありませんでしたし、受診は気が進みません。しかし他に相談するあてもなく、しばらく悩んだ末に統太は精神科の専門病院に足を運びました。

医師からは統合失調症と診断され、職場や自宅で聴こえる声は「幻聴」、上司や先輩が見張っていると思い込むことは「妄想」という症状で、薬物治療で改善すると説明されました。そして「脳を休めたほうがいい。がんばりすぎてしまうようならしばらく仕事を休んでみたらどうか。自宅でも声が気になるなら入院して休む方法もある」と提案されました。幻聴や妄想といった説明は、統太には腑《ふ》に落ちませんでした。声は確かに聴こえるし嫌がらせも事実に思えるのです。しかし、すっかり疲労《ひろう》困憊《こんぱい》していた統太は、とにかく休みたいと考えて入院することを選びました。

入院後、半信半疑《はんしんはんぎ》ではありましたが処方された薬を飲んでみると、高ぶった神経が鎮まり少しぼうっとして、周囲の出来事があまり気にならなくなりました。それまであらゆることに気を張っていただけに、統太は楽になったと感じ、久しぶりにぐっすり眠りました。何日か過ぎ、統太はふと周囲の人の気配に以前のような怖さがないことに気づきました。少し前までは小さな物音や周りの人の表情の変化の一つひとつが不穏《ふおん》な雰囲気をまとっていてとても恐ろしかったのに、それがないのです。統太は、あの怖い世界はなんだったのかと戸惑いました。絶対に変な声が聴こえると確信していたのに、それは医師が言うとおり幻聴で、自分の頭がおかしかったのかと自信をなくしました。そんなある日、統太は看護師から「良くなっているみたいですね」と声をかけられました。統太が「何をもって良くなったっていうんですか。以前の僕は気が狂《くる》っていたということなんでしょうか」と尋ねると、看護師は「表情が柔らかくなりましたよ。以前は張り詰めていたけれど」と答えました。そこで統太は、以前はずいぶん疲れて余裕がなかったと思い出しました。そして、あのときは周囲の言動を疑ってかかっていたけれど、実際とは違う思い込みもあったかもしれないと考え直しました。

入院してしばらく経ち退院後の復職について医師に相談したところ、段階的に復職することを勧められました。統太は退院後すぐ以前と同様に勤務するつもりでいたため失望しました。しかし、「再び調子を崩しては元も子もない」という医師の意見には納得し、職場とも相談して週三日の勤務から始めることにしました。さらに、週二日は病院の外来に通いリハビリテーションのプログラムを利用する計画を立てました。

統太が久しぶりに出勤すると以前聴こえた声はせず、先輩や上司はあたたかい雰囲気で迎えてくれていることがわかりました。やはりあのときに嫌がらせだと思ったのは病気の症状だったのかもしれない、と統太は再確認しました。しかし実際に仕事をしてみると、頭がうまく働かずなかなかはかどりません。ほとんど成果が出せないのにぐったり疲れてしまいました。統太は自分がまるで役に立たない存在に思えて惨めな気分になりました。そこで職場での状況を病院のリハビリテーションの担当スタッフに相談し、判断力や思考力を回復するプログラムに参加したり、休息のとり方について助言をもらったりしました。また、統太は同じように復職をめざしてプログラムに参加する仲間と、病気についてどのように会社に伝えているか、不調時にはどう対処しているかなど、実践的な問題について話し合いました。そうして仲間と話すと、病気を抱えながら生きているのは自分一人ではないと勇気づけられました。

リハビリテーションのプログラムを一通り終えると、自分はここまでやれるのだという自信と達成感がわきました。今はまだ勤務時間の制限があり、同僚と同じように仕事に打ち込むことはかないません。毎日薬を飲まなければならないのもつらく思われ、そのたびに自分が統合失調症だと思い出して気が重くなります。しかし、自分は決して役立たずではないし、病気はもっているけれども病気が自分のすべてではないと思い直すと、これから先もなんとかやっていけそうだと希望がわいてきました。

## 3　統合失調症による挫折の構造

統合失調症による挫折は、三つに大別することができます。一つ目は、自分が現実としてリアルに捉えている現象を、周囲から統合失調症により引き起こされている幻（まぼろし）と指摘され、自分の認識を改めなければならないことにあります。例えば統太に聴こえた「職場や自宅で聴こえる声」や「上司や先輩が見張っているという思い」は、医学的には「幻聴」や「妄想」という症状と捉えられ、現実にはない現象です。しかし、統太にとってはその現象は現実の体験として知覚されています。実生活の中で恐ろしい声が確かに聴こえるし、監視されている気配がしっかりあるのです。その体験を病気のために起きていることと捉え直すのは並大抵のことではありません。周りでおかしいことが起きているのに、自分の病気のせいだと認識し直す心の作業は、自分という存在に対する自信を喪失させ、傷つきや劣等感を生む危険性を含んでいます。統太もはじめは医療機関への受診をためらいましたし、治療をとおして幻聴や妄想を指摘されたときも半信半疑な心境でした。

統合失調症による挫折の二つ目は、この疾患と一生つきあいながら生きていかなければならないことにあります。かつては不治の病とされていた統合失調症も、現在では回復可能な疾患と捉えられています。けれども、統合失調症は糖尿病や高血圧症と同様に継続的な治療が必要な慢性《まんせい》疾患です。また、ある程度状態が落ち着いても一部の症状は残存し、日常生活や社会生活が制約されることが珍しくありません。統太の場合も、統合失調症の目立った症状が改善した後にも認知機能障害（記憶力・注意力・集中力・判断力が通常よりも低下した状態）が残り仕事への復帰に苦心しました。こうした障害を抱えて暮らしていくためには、発症前の健康な自分とぴったり同じ状態に戻れるわけではないという実情に直面したうえで、新しい自分のあり方を模索する必要があります。

統合失調症による挫折の三つ目は、根強い社会的偏見と向き合わねばならないことにあります。統合失調症に関する正しい知識の普及は十分に進んでおらず、いまだに「よくわからない怖い病気だ」と誤解されることもあります。そうした偏見をもたれる病気を持病として受け入れることは、自分に負のレッテルを貼るような心の痛みをともないます。特に青年期後期には、統太のように職業上の技能習得に取り組むことが重要であり、青年は理想に追いつこうと懸命に努力し自分の能力を試しているさなかにあります。このような人生のステージで、偏見をもたれやすい持病を負い自分の能力の一部分を諦めなければならない、という挫折が生じるのです。病気のない同僚を妬ましく思ったり、同等に働けない自分にあせったりする気持ちも生まれるでしょう。

## 4　統合失調症による挫折と向き合うことの意味

統合失調症の発症から回復までの過程は、急性期・休息期・回復期に大別されます。統太の事例を振り返りながら、統合失調症による挫折に向き合うことが青年にどのような変容をもたらすのかについて、少し考えてみましょう。

急性期には、感覚が過敏になり、不安、あせり、緊張が高まります。そして幻覚、妄想、興奮といった目立つ症状も生じ、思考や感情が非常に混乱します。統太の場合も、仕事中に強いあせりや緊張を感じ、極端に被害的な考えにとらわれ余裕がなくなっていました。もちろん新社会人が不安やあせり、緊張を抱くのは自然なことですが、それが病気の症状として過剰に現れている場合は、本人が性急《せいきゅう》に挫折を克服しようとすると、かえって混乱を強める可能性もあります。したがって、まずは精神科がある専門機関につながって適切な診断を受け、必要な治療と休養を得ることが大切です。そうして安定した心の土台を作ることが、挫折に向き合うための第一歩となります。

薬物治療が始まり休息期に入ると、少しずつ現実感が戻ってきます。病状が改善するこの段階は、先述したように、自分が現実としてリアルに体験していた現象を病気のために起きていることと捉え直すことが求められる段階でもあります。例えば統太も、療養《りょうよう》生活を送る中で周囲の気配に不穏さがなくなっていると気づいたとき、自分の頭がおかしかったのだろうかと戸惑い、自信を失いました。そこから回復するために必要だったのは、自分が体験したことと客観的事実とを照合し、自分の身に何が起きていたのかについて再定義することでした。看護師の助言もあって、統太は急性期に体験した状況を再び想起し、現在の心境と比較しました。さらに、職場に復帰した際に周りの人の雰囲気を確かめ、実際とは違う思い込みもあったかもしれないと考え直しました。

こうした照合を経て、統太は自分が体験した現象は幻覚や妄想といった病気の症状だったのかもしれない、と捉え直しました。このような捉え直しの作業を経ると、「周りは悪者だ」という他者否定や「自分はおかしくなってしまった」という自己否定から脱却《だっきゃく》して、「この病気をどう抱えたらよいか」という課題がみえるようになります。また、周囲への信頼も自分に対する自信も回復しやすくなります。

回復期は、心身が安定し少しずつ生活範囲を広げていく段階です。それにともない、以前の自分にはできたことが、今の自分にはできないという挫折感を抱く場面に出会うことがあります。統太の場合も、すぐに以前どおりに勤務するつもりでいましたが、医師から段階的に復職するよう勧められ、がっかりしました。そしてやむをえず段階的に復職することを選びましたが、病気のために思うように頭が働かない自分に直面し、再び傷つき落ち込みました。第3節で述べたように統合失調症は慢性疾患なので、本人が発症前と同等に生活したいと望んでも、期待どおりの力が出ず目標を下げなければならない状況が生じることもあります。

この状況を乗り越えるためには、発症前の健康な自分とぴったり同じ状態に戻れるわけではないことをまず受け入れる必要があります。健康でない自分を認める心の作業は傷つきや挫折感を生むこともありますが、自分に残存する症状やうまく機能しない部分を把握するためには不可欠でもあります。例えば統太も、職場に復帰したときにうまくいかなかった経験をもとに、上手な休息のとり方や不調時の対処方法を身につけ、再び働くための力をつけていきました。

こうした作業に取り組むとき、精神科リハビリテーションを利用したり、ピア（同じ経験を持つ仲間）と交流したりすることは役に立ちます。少しずつ、そのときの自分にできることを積み重ねて自信が回復していくと、以前のとおりではないけれども今の自分もまた悪くないといつしか思えるようになります。さらに、病気をもっていることを現実として受け入れつつも自分を肯定できる心理状態に達すると、病気が不幸な経験ではなく人生の糧としての意味ももつようになります。これは、よりいっそうの深みがある人生観をもった新たな自分を形成することにつながります。

## 5　統合失調症を発症した青年を支援するために

身近な青年が統合失調症を発症したとき、親や教師などの支援者はどのように関わればよいのでしょうか。統合失調症の特徴として、感覚が過敏になったり、本人を脅かす怖い幻覚や妄想にさいなまれたりすることがあげられます。幻覚や妄想は周囲の人からすると実在しないものですが、先述したように、本人には現実の体験として知覚されています。これを「ありえない」と極端に否定してしまうと、本人は「わかってもらえない」と孤独感を強め、周りを信頼しづらくなります。そして極端な場合にはひきこもってしまうこともあります。そのため支援者は、幻覚や妄想を極端に否定せず、青年を心配していることや味方になりたいと思っていることを伝え、青年が安心できるように配慮しつつ関わることが大切です。

また、統合失調症からの回復には薬物治療や精神科リハビリテーションが非常に役立ちます。うまく眠れない、食事がとれない、心が静まらず混乱する、といった苦しみを和らげる方法があることを紹介し、できるだけ早期に医療機関につながるよう支援することが重要です。支援者がどこの病院に行ったらよいかについて迷ったり、本人に受診をどう勧めたらよいかについて悩んだりする場合は、市区町村の障害福祉担当課や保健所、精神保健福祉センターなどが相談に応じてくれます。

さらに支援者は、治療につながった後も回復には時間がかかることを知っておく必要があります。統合失調症を患った青年は安心できる生活の仕方や対人関係のあり方について、混乱した気持ちを抱きながら模索してゆきます。その本人のペースを尊重し、あせらず寄り添えるとよいでしょう。また、統合失調症は長いつきあいが必要な疾患なので、身近にいる家族だけが抱え込むのではなく、家族・医療機関・学校・職場の担当者が協力し合って本人を支える連携体制を作れると安心です。

## 6　統合失調症による挫折と向き合い続ける意味

統合失調症は、早期に精神科専門治療につながればほとんどの場合、回復が望めます。福祉的なサポートもたくさんあります。とはいえ、誰しも望んで統合失調症になるわけではないので、発症にともなう挫折はつきものかもしれません。しかしこの体験は青年を成長させる可能性も秘めています。実際のところ、統合失調症を患ったときに、どんな治療を選択しどんな支援を活用するかについては、いくつも選択肢があります。例えば、「会社員としてフルタイムの仕事で働きたい」という目標がある場合は、ほどよい負荷がかかる復職に向けたリハビリテーションのプログラムが役立ちます。また、「ゆとりを大切にして過ごしたい」と希望する場合は、負荷を少なくして休息を優先する方法を探すことが有益でしょう。こうした選択は、その青年自身がどんな生活を希望するのか、つまり、自分は何者でどのように生きたいか、という心理的な課題と密接につながっています。統合失調症による挫折に向き合い続けることは、どう生きるかを考え続けることでもあるのです。

病気を患うことはネガティブに思われがちですが、それを活かすことに成功した人もいます。例えば芸術家の草間彌生《くさまやよい》は、統合失調症による幻覚や妄想を作品として表現し高い評価を得ました。また、お笑いコンビの松本ハウスは、ボケ担当のハウス加賀谷《かがや》の統合失調症体験をネタにしたコントで笑いをとっています。自分らしい生き方を探し続けていく中で、もしかすると統合失調症による体験を自分らしく活かす方法も見つかるかもしれません。

コラム1

# 関係意識が変化する過程での挫折と変容

●松本京介

精神分析学の創始者フロイトの発達理論では男根期《だんこんき》（三～六歳頃）にエディプス・コンプレックスが生じるとされています。エディプス・コンプレックスとは、子どもがそれまでの自己中心的な二人関係（母親などの主たる養育者に大切にされる、かけがえのない自分）の世界から、社会的な三人関係（父親あるいは父親的存在の家族も含めた、大勢の中の一人の自分）の世界へと関係意識が開かれる過程でぶつかる複雑な心模様のことです。注1

青年期前期（思春期）になると、青年は「自分とは何か」「社会の中でどのように生きていくのか」といったテーマに取り組みます。そして、「かけがえのない自分（＝オンリーワンの自分）」と「大勢の中の一人の自分（＝ワンオブゼムの自分）」の二重の自分の間でバランスをとりながら生きていくことになるのですが、男根期のテーマが再燃《さいねん》する中で、青年は挫折を経験したり不調をきたしたりすることがあります。注2 ここではある女子中学生のエピソードを紹介します。

一花《いちか》と双葉《ふたば》は小学校からの親友同士で、同じ中学校に進学しました。二人はアイドルグループ『Z』のファンで、いつもその話で盛り上がっていました。一花は中学で始めた運動系の部活で別の小学校から来た三鈴《みすず》と出会いました。三鈴もアイドルグループ『Z』のファンであったこともあり、すぐに仲良くなりました。

ある日、教室で一花と双葉は雑談していました。一花は双葉に、三鈴もアイドルグループ『Z』が好きだということを伝え、今度三人で一緒に遊ぶことを提案しました。けれども、双葉はその提案に難色《なんしょく》を示しました。双葉は「私と二人だけじゃダメなの？　私より、三鈴ちゃんの方がいいなら、三鈴ちゃんと二人で遊べばいいじゃん。なんか、部活に入ってから、一花ちゃん、変わったよね」と一花に伝え、以来、一花のことを無視するようになりました。やむなく一花も双葉のことを避けるようになりました。

二人に何が起きたのでしょうか。一花は、三人ともに共通の趣味があるので一緒に遊んだら楽しい時間になるだろう、とワクワクしながら双葉に提案したことでしょう。けれども、結果は期待はずれに終わりました。一方、双葉はどうでしょうか。双葉にとって一花は唯一の友達です。ところが、一花は三鈴とも仲良くなりはじめ、双葉は大切な友達が三鈴に奪われるような気持ちになりました。双葉と一花は互いに唯一の親友同士であるという双葉のイメージは崩れてしまいました。

さらに、双葉の場合、一花と比べて、「オンリーワンの自分」から「ワンオブゼムの自分」への移行をめぐって相当の困難がありそうです。この時点での双葉は、一花にとっての「かけがえのない友達」としてのみ承認されたいという願望が強く、それは、承認されないのであれば絶交してしまうほどの激しいものでした。双葉は、一花から「大勢の友達の一人」として扱われることに耐えきれなかったと考えられます。

もちろん、「オンリーワンの自分」から「ワンオブゼムの自分」へと関係意識が移行し、変容していく過程で生じた挫折や困難が大きすぎる場合、ときとして、専門家による支援が必要になります。支援者は本人をかけがえのない存在として尊重し、本人が大勢の中の一人として社会の中でどのように生きていくのかについて、一緒に考えていくことが大切になります。

注1　滝川一廣（二〇〇三）「こころ」はだれが壊すのか　洋泉社
注2　松本京介（二〇一六）心身の不調和とソーシャルワーク　丸田秋男（監修）現代社会が抱える社会福祉の諸問題　新潟医療福祉大学社会福祉学部

補足説明

1　フロイトの発達理論における口唇期、肛門期、男根期

フロイトは心の発達を人間関係の中で捉え、①口唇期《こうしんき》（〇～一歳半頃）、②肛門期《こうもんき》（二～四歳頃）、③男根期（三～六歳頃）、④潜在期（六～一二歳頃）、⑤性器期（一二歳以降）の五つの時期に分けました。各時期の身体部位（口唇、肛門、男根）は、その時期の他者との人間的な交流の舞台になっています。

まず、①口唇期では授乳をとおして、②肛門期ではトイレット・トレーニングをとおして、主に母親（あるいは主たる養育者）との「二人関係」の中で、子どもは「かけがえのない自分」として発達が進みます。

次に、③男根期になると、子どもはペニスの有無という解剖学的《かいぼうがく》な性の違いに気がつくようになり、父親（あるいは主たる養育者以外の他者）の存在が大きくなります。そして子どもは、母親が自分だけに関心を向けているわけではなく、父親（あるいは他の家族）にも関心を向けていることを発見します。自分の知らない母親の姿を認識していくことで、母と子と

父の「三人関係」の中で発達が進みます。子どもは、自分が家族も含めた「大勢の中の一人の自分」でもあると気がつくようになり、関係意識が開かれていきます。

2

エディプス・コンプレックス

エディプス・コンプレックスとは、ギリシャ悲劇『エディプス王』(主人公のエディプスが知らずに父を殺し、知らずに母を妻にした物語)をもとにフロイトが考案した概念で、男根期にある子どもが抱く両親に対する愛と憎しみを含んだ無意識的で複雑な心模様のことです。

コラム2

## 選択肢のない青年と「若い衆」を失った地域自治

●馬場健彦

日本の社会では、年齢とともに住む場所が変わってゆきます。特に定位家族（生まれ育った家の家族）が都市居住者や都市に通勤する家族の場合、その子は移動してゆきます。昨今の経済状況の変化でやや崩れた感はありますが、日本人のライフサイクルでは一八歳での大移動が最も重大です。[注1]高校を卒業した直後の、進学や就職にともなう定位家族からの離脱《りだつ》にあたります。

日本社会では、市区町村に満たない小学校区やそれより小さい地理的範囲の自治（親睦《しんぼく》や管理）は、住民の話し合いで問題に対処したり、また催事などを行ったりしてきた歴史があります。こうした集まりは、現代では町内会や自治会とよばれています。[注2]彼らは街を管理するボランティアの集まりです。日本の一つひとつのまちは、ボランティアによって維持されています。

一八歳で育った環境を離れた青年は、このような土地の集まりに参加する機会をほとんどもちません。町内会・自治会が青年を軽視し、またサービスが青年のニーズに合っていないことが原因です。一八歳で育った地を離れた後、町内会・自治会に参加する機会を失った若者が、再び土地の集まりに戻ってくるのは、生殖家族（結婚して作った家族）を成し、子をもったときか、子が小学校に入学したときになります。[注3] おおむね三〇歳から四〇歳ですでに青年を卒業しています。子ども、特に行動範囲の広まる小学生の育成のためには、地域の集まりに参加することが必須になります。

　日本のほとんどが農村であった時代、若者は「若《わか》い衆《しゅう》」として力の必要な役や危険のともなう役を任されており、また、それらを成し遂げる名誉《めいよ》を負っていました。現代の青年の移動と地域自治への関わりをみると、かつての「若い衆」としての地元へのエネルギーが、別の何かに使われていることに気づきます。一八歳から子どもをもつまでの間、青年のエネルギーはどこに使われているのでしょうか？　筆者は職場と大学だと考えています。現代の職場は、若い労働者を長時間拘束します。青年も地域よりも職場に貢献することがキャリア形成につながると信じています。また大学も以前と比べて学生に要求する勉強時間が格段に増えました。現代の大学は、一項目でも多く学生に勉強させるために多大な資金をつぎ込んでおり、それが完璧に機能するならば、大学生の生活は勉強と睡眠に終わってしまいます。

　青年が地元のことに興味をもち、意見を表明し、運営に携わり、何らかの役を担うことは以前は当然のことでした。またそれが青年にとっても住みやすい地元を作る鍵でした。青年に時間とエネルギーをどこに使うか、選択権を返す必要があるでしょう。キャリアを積むことと、住みやすい地域にするために意見を述べることとは、同じ重さをもつはずです。また、現代の青年軽視の地域の運営にも反省すべき点があります。かつて「若い衆」として青

年を尊重し任せていたことを思い出すべきでしょう。注4

明るい話題としては、青年の約半数は、子ども時代にお世話になった町内会に、肯定的なイメージをもっています。高校卒業以降で子どもをもつ前の年代に、地元地域自治への貢献と、職場や学校での成長を両立できる方法がないか、考えているところです。特に大学に進学し大手企業に就職する青年には困難があります。かつていくつかの企業では、「町内会の催事」での休暇を奨励していたとのことです。効率・経済性の追求からすこし離れて考えてみる必要があるのではないでしょうか。青年が労働や勉強のために時間を使い果たして夜遅く帰宅する社会よりも、地元の催事の役を任されている社会のほうが、豊かにみえるのは筆者だけではないと思います。

ところで近年、不況と就職難世代の苦難を見聞きした青年とその家族は、大学や就職に確実性とコストパフォーマンスを求めるようになりました。かつては広い範囲から学生が大学に集まりましたが、いまは自宅から通う学生のほうが多くなっていると聞きます。このような状況で、地元の活動に参加する青年

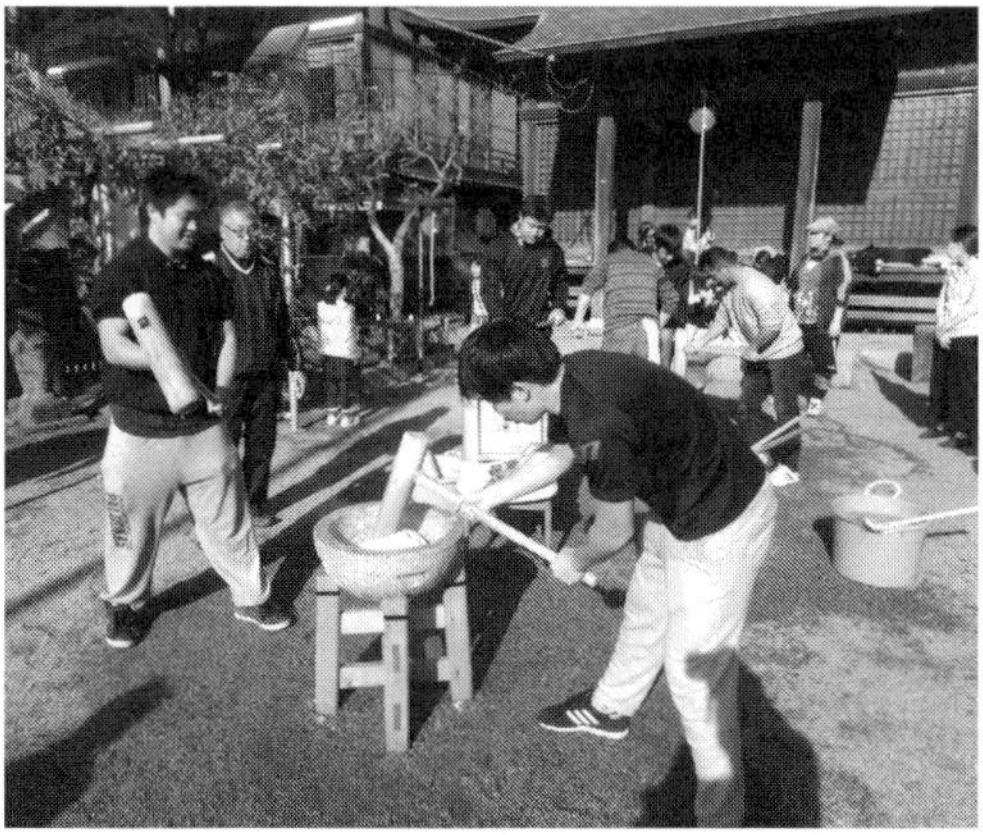

福岡市近郊で行われる歳末の餅つき　餅つきは老若男女に役割があり、それぞれなりに参加できる。若い衆はつき手として活躍が期待される。餅つきにはノウハウや道具の管理が必要で、力がある町内会だけが実施できる。

が増えています。彼らは、両親が担っていた地元町内での役割、話し合いの経験を持ち、児童期の「子ども会」を卒業した後も積極的に地元に関わります。彼らは親元から大学へ通学し、できれば親元から通勤できる就職先を希望しています。それがかなうならば、地元町内の行事や伝統は、青年を通じて次の世代に受け継がれ、あるいは若い考え方を取り入れて運営が改善される余地もあります。東京に出て世界規模の仕事をしたい、という考え方がある一方で、就職難から始まった地元志向が、地元町内の次代の担い手を生み出している点に注目しています。

注1　藤原眞砂（一九九九）都市の人口移動　藤田弘夫・吉原直樹（編）都市社会学　有斐閣
注2　中田実（二〇〇七）地域分権時代の町内会・自治会　自治体研究社
注3　奥山尚子（二〇〇九）地域ボランティアの決定要因——JGSS-2006を用いた実証分析　日本版総合的社会調査共同研究拠点研究論文集　第九巻　一〇七〜一二二頁
注4　前出（注2）

# 第3部

# 挫折を支える方法

# 第17章　心理療法アラカルト

●安藤嘉奈子

## 1　心理療法とは何か

急激な社会の変化の中で、心の問題や人間関係の葛藤を抱える人が増加し、心理支援の必要性が叫《さけ》ばれるようになってからずいぶんと長い時間が経ちました。心理支援とは、個人や集団の問題を解決し心の健康を促すための支援のことです。時代の要請《ようせい》を受けて、公認心理師や臨床心理士に代表されるような心理支援の専門資格も確立されました。しかし、心理支援の一つの方法としての心理療法とは何なのかについては、いまだにあまり知られていないようです。

心理療法は、個人や集団に対して、心理学に基づいた専門的な支援を行うための理論・方法論・技術の体系と定義されます。従来的には心理療法は、教育、心理臨床、福祉、保健・医療、司法・犯罪、産業・労働の各領域で、精神疾患を抱える人の精神症状と問題行動の軽減や消失、および人格の変容をねらいとして実施されてきました。精神疾患とは簡単に言うと心の病気・精神の病のことです。もう少し詳しく言うと、精神疾患は精神障害とほぼ同じ意味をもつ専門用語なのです。

では、精神症状と問題行動はどのように定義されているのでしょうか。人間は誰しも、憂うつ、不安、悲哀《ひあい》、焦燥《しょうそう》、羨望、ひがみ、怒り、憎悪《ぞうお》、執着、無気力、怠惰といった不健康な心の動きを経験することがあります。しかし、それによって日常生活が妨げられることはほとんどないのです。精神症状とは、日常生活に支障をきたすほどに激化したり長期化したりした感情・意欲・思考の異常のことです。また問題行動とは、社会規範、つまり法律・規則・常識・マナーなどに照らし合わせて不適切な行動のことであり、非社会的問題行動と反社会的問題行動に分類されています。前者は社会との関わりを極端に避ける行動を、後者は社会規範を逸脱した攻撃的な行動を指しています。

昨今では心理療法は、精神疾患を有する人の顕在化した精神症状や問題行動に対処するために用いられるだけでなく、以下のような幅広い目的で活用されています。①精神疾患を抱える人の身近な支援者の相談・その他の援助、②精神疾患と診断されるほど重篤《じゅうとく》ではないものの心理面・行動面の問題を抱える人の相談・その他の援助、③心の健康度が高い人の精神疾患の未然防止や生活の質の向上、④豊かな人間性や社会性を育成するための支援・教育、⑤心の発達や健康に関する知識・情報の提供。

## 2　心理療法とカウンセリングはどう違うのか

心理療法とカウンセリングはどう違うのか、という疑問に正確に答えるのは意外に難しいかもしれません。カウンセリングという言葉は日常的にも多用されていますが、心理学の世界では心理療法と併記して示されることも珍しくないのです。二つの用語の定義にはたくさんの共通点があるため、心理支援の専門家も通常は両者の語義をあまり厳密に区別せずに使うことがあります。けれども、いずれも欧米から入ってきた言葉なので、英語の意味内容を比較すると若干の相違がみられることがわかります。

心理療法の原語は、英語の psychotherapy（サイコセラピー）であり、接頭辞の psycho と名詞の therapy からなっています。前者は心・精神・魂《たましい》を、後者は治療を意味しています。一方、counseling（カウンセリング）という英語は、わが国ではカタカナ言葉として用いられていますが、あえて翻訳《ほんやく》するならば相談や助言という日本語が当てはまります。つまり、心理療法の本質は心の病の治療にあり、カウンセリングの本質はよりよく生きるための相談にあるのです。このような理解を前提にすると、カウンセリングは、主には言語的交流を中心とした個別面談をとおして、心理学に基づいた専門的な支援を行うための理論・方法論・技術の体系と捉えられます。また、カウンセリングの対象は、心の健康度は高いものの何らかの悩みを抱えて独力では問題解決を図れないために、必要な情報を求めている人が中心となっています。

余談になりますが、心理支援の専門家ではない種々多様な業種の人も、顧客や利用者へのサービスの一環《いっかん》としてカウンセリングを実施しています。すなわち、各業種の専門性に基づいた相談や助言を行っています。そのため心理学の専門性を土台とした相談を行うことを強調したいときには、あえて心理カウンセリングと表現することがあります。さらに補足すると、心理支援の専門家は心理療法を行うときにはセラピスト・治療者、またはサイコセラピスト・心理治療者とよばれます。カウンセリングを行うときにはカウンセラー・相談員、あるいは心理カウンセラー・心理相談員とよばれます。それに加えて、心理療法やカウンセリングを受ける人はクライエント・来談者とよぶのが一般的です。英語のclient（クライエント）は、もともとは弁護士の依頼人や広告代理店の顧客を指す言葉でしたが、現在では心理支援の専門家のもとを訪れる人にも使われています。

## 3　心理療法やカウンセリングにはどのような方法があるのか

心理療法やカウンセリングの方法は多岐《たき》にわたります。その数は実に四〇〇以上にのぼるというアメリカの研究報告もあります。したがって、心理療法やカウンセリングを受けたいと思うときに重要になるのは自分に合った方法・技法を見出すことです。

代表的な心理療法としては、来談者中心療法、精神分析的心理療法、認知行動療法、家族療法、遊《ゆう》戯《ぎ》療法、芸術療法があげられます。また、芸術療法とは表現活動を用いた多様な方法・技法の総称であり、表現手段の違いにより、絵画療法、音楽療法、心理劇、箱庭《はこにわ》療法、コラージュ療法、詩歌《しいか》療法、舞踏《ぶとう》療法、というふうに分けられています。これらの療法について簡単にまとめてゆきましょう。なお、紙面の都合で芸術療法については心理劇のみを取り上げます。

まず来談者中心療法は、心理学者ロジャーズが創始した心理療法であり、昨今では人間中心療法とよばれることも多くなっています。ロジャーズは、人間には本来的に自分のあらゆる潜在可能性を追求し、できる限り主体的で創造的に生きようとする指向《しこう》性が備わっていると述べ、これを自己実現の傾向と名づけました。さらにロジャーズは、心理療法の場でクライエントの自己実現の傾向が十分に発揮されるためには、心理支援の専門家の積極的傾聴《けいちょう》、またはアクティブ・リスニングが不可欠と考えました。積極的傾聴とは、相手を尊重し相手を深く理解しようとする心構えをもち、相手に寄り添って話に耳を傾ける姿勢のことです。

精神分析的心理療法は、精神医学者フロイトが構築した精神分析学を基礎とした心理療法です。フロイトは、人間の心には自分で認識したり想起したりできる領域と、自分では認識したり想起したりできない領域があると考えました。前者は意識と、後者は無意識とよばれています。さらにフロイトは、無意識の領域には自分では容認しがたい欲求や衝動が押し込められており、そのような欲求や衝動が心理的な問題の原因となると論じました。容認しがたい欲求や衝動を意識から無意識に追いやる心の働きは、抑圧とよばれています。このような経緯から、精神分析的心理療法では、クライエントが無意識の欲求や衝動に気づいて意識の支配下に置くことを中心課題としています。

認知行動療法は、人間の認知と行動の仕組みに焦点を当てた心理療法の総称であり、代表的なものには論理療法と認知療法があります。認知とは、人間が知覚した情報と既得の知識や経験を関連づけて考えたり判断したりする過程のことです。論理療法を開発した心理学者エリスは、悩みや否定的感情をもたらす要因はそれらの発端《ほったん》となった出来事に対する認知の仕方にあると考え、認知の仕方を変えれば悩みや否定的感情は軽減すると論じました。認知療法を創始した精神医学者ベックは、人間がストレス状況に直面したときに習慣的に浮かび上がってくる否定的・悲観的な思考を自動思考《じどうしこう》と名づけ、自動思考を修正することで抑うつ状態は改善されると考えました。これらの点を踏まえて認知行動療法では、クライエントが日常生活を送る中で自己観察を行い、一日の活動内容と気分の変動をまとめる活動記録表や、ある出来事とそれにともなう思考・感情・行動の流れを整理するコラム表を記すことに重きを置いています。面接の場ではクライエントはそれらの記録を手がかりに、自らの認知の歪《ゆが》みへの気づきを深めるとともに適切な認知の仕方を学んでゆきます。

家族療法は、心理的な問題を抱える人とその家族を相互に影響し合う一つのシステムと捉えて、総合的な支援を行う心理療法の総称です。家族療法の代表的な学派には、コミュニケーション学派、構造学派、多世代学派、戦略学派、ミラノ学派などがあります。これらの学派に共通しているのは、家族のある成員の呈する問題はその成員だけのものではなく、家族全体がその問題の発生に関わっているとする見方です。そのため家族療法では、家族合同面接をとおしてシステムアプローチを行うことを重視しています。この方法では、家族の成員相互の人間関係のあり方や家族全体の関係性を分析し、役割関係・力関係の歪みやコミュニケーションの不全を包括的に調整することで、問題を呈する人の変容を促進しようとしています。

遊戯療法は、遊びを中心的な交流手段・表現手段とした心理療法の総称です。遊戯療法は原則として言葉による表現が未熟な子どもを対象に、多様な遊具の準備されたプレイルームで実施されます。心理学者アクスラインは、来談者中心療法を基盤とした遊戯療法を確立し、子どもが心理支援の専門家との遊びをとおした交流の中で、自由な自己表現を行うことを重んじました。さらにアクスラインは、心理支援の専門家が子どもの自己表現を全面的に受容することにより、子どもには徐々に内的な変容が生じると考えました。ただし、子どもが罪悪感や不安を抱くのを防ぐ意味で、攻撃や破壊に関する最小限の制限は設けられていません。精神分析学の一学派としての対象関係論を構築したクラインは、子どもの遊びには無意識の内容が反映されると考えました。この発想に基づいてクラインは、遊戯療法の場で子どもの遊びを見守り、対象関係論の視点から遊びに隠された不安や願望を読み取って伝えることで、問題解決を支援する方法を提案しました。

心理劇は、精神医学者モレノにより創始された演劇的手法を用いた心理療法です。モレノは、個人的な問題や集団に共通する課題の解決を図るためには、固定化し形骸《けいがい》化した役割や関係を見直し、新しい役割や関係を作り出す過程が欠かせないと考え、心理劇の理論と技法を生み出しました。心理劇では問題や課題の解決を志向する人が主役となり、他の演者とともに即興劇を演じます。即興劇では台本や筋書きは準備されませんが、グループ全体の共感的な雰囲気が伝わると、主役は自発的かつ創造的に演じはじめ、適切な役割や関係を模索するための様々な工夫を行うようになります。心理支援の専門家は心理劇の諸技法を用いて、主役をはじめとする参加者の気づきを深めてゆきます。

## 4　心理療法やカウンセリングの過程はどのようなものか

公認心理師や臨床心理士のような心理支援の専門家には、守秘義務があります。これは職務上知りえた秘密をもらしてはならないという義務です。そのためクライエントは個人情報の漏洩《ろうえい》を気にせずに、安心感をもって問題を開示し解決の道筋を探ることができます。心理療法やカウンセリングの進め方は、それを行う専門家自身の考え方や拠って立つ理論と技術によって異なりますし、クライエントの心身の状態や問題・課題の内容によっても違ってきます。しかし、言語的交流を中心とした心理療法やカウンセリングの過程を大まかに分類するならば、五段階になります。各段階の取り組みの内容についてみてゆきましょう。

第一段階はインテーク面接の段階です。インテーク面接とは、心理支援の専門家がクライエントの問題状況を把握し、支援の方策を考えるために行う初回面接のことです。具体的には、来談の経緯や動機、問題や困り事の内容と自分なりの対処の仕方、生育歴、疾患・障害の有無や既往歴《きおうれき》、現在の家族構成や生活状況、心理面接に期待することについて丁寧に聞いてゆきます。なお生育歴とは、クライエントの誕生から今日までの歴史のことです。さらに、面接終了後には心理支援の専門家は得られた情報を総括してクライエントの状態像を見極め、最適な支援方法を慎重に検討します。自分では十分な支援を提供できないと判断した場合には、別の専門家を紹介することもあります。

第二段階は契約の段階です。心理支援の専門家は、インテーク面接から得られた見立てを踏まえてクライエントと話し合い、まずは心理面接の目標を設定します。クライエントが不安を訴えている場合は不安の解消が、進路に迷いを抱えている場合は進路の決定が目標となるでしょう。当面の目標が決まると心理支援の専門家は、心理面接の具体的な方法、時間・場所・料金、面接の枠組み・ルールについて説明します。契約成立のためには、クライエントがすべての条件に同意する必要があります。なお、契約は一般的には二回目の面接で行われますが、インテーク面接の終了時に行われることもあります。

第三段階は信頼関係形成の段階です。実はクライエントは、心理療法やカウンセリングに対して最初から全幅の信頼を置いているわけではないのです。そのため、心理支援の専門家は積極的傾聴を行ってクライエントとの信頼関係の構築に努めます。第3節で取り上げたロジャーズは、面接場面でクライエントに建設的な人格変容が生じるためには、心理支援の専門家が自己一致・無条件の肯定的配慮・共感的理解の三つの基本姿勢を維持することが不可欠と考えました。[注1]

自己一致とは、クライエントとの交流をとおして生起した思考・感情の内容に率直に向き合う姿勢を意味しています。無条件の肯定的配慮とは、自分の価値観を一時棚上《たなあ》げにして善悪や好き嫌いの判断をせずに、クライエントの思考・感情・行動の内容を受容する態度を指しています。共感的理解とは、クライエントの個人的な心の世界を尊重し、あたかも自分自身のものであるかのように明確に感じ取る姿勢を意味しています。心理支援の専門家が三つの基本姿勢を示すことは、面接の環境条件を整えることにつながります。特に無条件の肯定的配慮と共感的理解が十分に伝わると、クライエントは安心感と信頼感をもってありのままの自分を表現しはじめます。

第四段階は問題解決の段階です。クライエントは、心理支援の専門家との信頼関係を基盤として自己・他者・関係について見直して整理し問題解決に取り組みます。過去の記憶を振り返り現在の問題を見直し将来の方向性を展望する過程の中で、クライエントは自分の心の奥底に溜《た》めこんでいた感情を吐き出します。あるときは不満や怒りを爆発させるかもしれませんし、また別のときには悲しみや嘆きに震えるかもしれません。心理支援の専門家はクライエントの心の世界に常に温かい関心を向けて傾聴を続けます。

さらに心理支援の専門家は、クライエントに現実を冷静に捉える余裕が出てきたのを見計《みはか》らって、考え方・感じ方のかたよりや行動の矛盾を取り上げます。そして、クライエントが問題と真正面から向き合うことを支援します。そのため、心理面接を一定の期間継続すると、クライエントは自分や身近な誰かの感じ方・考え方の特徴や癖、および両者の関係の特性や改善点への理解を深めます。諸側面の気づきの深化によって、クライエントには自分の問題を自分で解決しようとする前向きな意欲が芽生えます。問題解決のためのアイディアをいろいろと思いつくかもしれません。

けれども、クライエントが当面の問題を一足飛びに解決することは少ないのです。例えば、どんなに素晴らしいひらめきを得たとしても勇気がなくて実行できなかったり、覚悟を決めて実行したものの失敗して自信をなくしたりします。しかし、単純な成功体験だけでなく挫折や失敗の体験も、クライエントの成長や変容のために役立ちます。心理支援の専門家は、クライエントが挫折や失敗の体験を受容し、何とか自分を立て直して目標達成に近づいてゆく過程を気長に支えます。

第五段階は終結の段階です。心理支援の専門家は契約の段階で設定した目標にある程度到達すると、心理療法やカウンセリングを終結する相談を始めます。そして、クライエントがもう心理面接に頼らなくても大丈夫という自信をもって終結を決めるまで温かく見守ります。すなわち、クライエントの同意がないままに無理に関係を断ち切ることはないのです。日常の人間関係が活性化すると、クライエントはそれまで大事に思っていたはずの心理面接に魅力を感じなくなるため、自らの意思で終結を提案することもあります。終結が決まるとクライエントは、これまでの面接過程を総括したり今後起こりうる問題に自分で対処する方法について見直したりします。なお、クライエントが新たな目標を提案し面接の継続を希望する場合には再度契約を行います。

## 5　心理療法やカウンセリングは万能なのか

心理療法やカウンセリングは自己・他者・関係を見直すうえで有意義な方法です。青年期前期・青年期後期に心理療法やカウンセリングを受けることは、集団アイデンティティや個人的アイデンティティを確立するための心の作業の助けにもなります。なお、集団アイデンティティとは、自分が特定の集団の一員であるという意識・感覚をもち、その集団の特性を取り入れたりその集団に愛情や誇りを感じたりする、という心の状態を指しています。個人的アイデンティティとは、時・場所・状況に左右されることのない安定した自分を感じるとともに、自分らしさを十分に理解し等身大の自分を肯定し信頼している、という意識・感覚を意味しています（第1章参照）。青年は個人的な問題の解決を模索する過程において、このような新しい心の資質を育んでいることも多いのです。

ただし、心理支援の専門家は神がかり的な力を発揮してクライエントの心の奥底まで見抜き、その傷つきを瞬時に癒やす超能力者のような存在ではありません。強いリーダーシップを発揮して、クライエントを正しい方向へ引っ張ってゆくカリスマ的指導者とも異なります。クライエントに四六時中付き添い、心身の状態や生活リズムを細かく管理する世話役でもないのです。心理支援の専門家にできることは、心理学の知識と技術を基本として問題を抱える人の気持ちに寄り添い、その人が不安やあせりと上手につきあいつつ自分を振り返り、主体的かつ適切に問題に対処できるように支えることです。

したがって、家族・教師・職場の指導者に代表されるような身近な支援者が、心理支援の専門家は自分の代役ではないという意識をもつことは重要です。言い換えると、身近な支援者は、①心理支援の専門家には限界があること、②心理療法やカウンセリングは万能ではないこと、③問題の解決や心の変容のためにはある程度の時間がかかること、④心理療法やカウンセリングを一定の期間継続するためには身近な支援者の支えが不可欠なこと、について十分に理解する必要があります。

さらに理想としては、身近な支援者や心理支援の専門家がそれぞれの立場で責任をもって支援を続けるとともに、連携・協働することが望ましいでしょう。また、地域社会の横のつながりを活用し、学校や職場で力になってくれる人を徐々に増やしながら、助け合いのネットワークを広げることが求められます。青年は身体的・心理的・社会的な変化に直面して不安定になりやすく、それが原因で支援者との関係が切れてしまうことがあります。しかし、一つの関係が切れても別の関係からの支援が得られるならば、孤立無援な状況に追い込まれることなく、誰かと分かち合いながら自分探しの旅を続けられます。

---

注1　C・R・ロジャーズ（著）H・カーシェンバウム、V・L・ヘンダーソン（編）伊東博・村山正治（監訳）（二〇〇一）ロジャーズ選集――カウンセラーなら一度は読んでおきたい厳選33論文（上・下）　誠信書房

# 第18章 支援の窓口とその実際

●橋本和幸

## 1　どこに行けば支援を受けられるのか

本章では、心理的な問題をどこで誰に相談したらよいかを紹介します。

臨床心理学を生かして働く職種である心理職およびその近接領域の職種による支援活動を受けられる場を、文部科学省の「生徒指導提要」[注1〜4]などを参考にまとめました。相談の場は、教育、医療・保健、福祉、司法・矯正、産業、私設相談（開業）という領域に分けることができます。

### ●教育領域

学校を中心とする教育現場での問題に対応する領域です。学校内と学校外に分けられます。

まず学校内には、心理職であるスクールカウンセラーと福祉領域の相談に応じてくれるスクールソーシャルワーカーがいます（勤務頻度は地域によってまちまちです）。また、二〇一七年には教員の中から校内の教育相談を取りまとめる教育相談コーディネーターの指名・配置を文部科学省が求めています。そこで、まずは学校に問い合わせてこれらのスタッフに相談してみるとよいかもしれません。

学校外には、教育委員会（教育課程、学習指導、生徒指導に関する相談、助言、指導）、教育相談センター（性格、行動に関する相談）、教育支援センター・適応指導教室（不登校児童生徒の学校復帰を支援）、特別支援学校（障害全般についての相談、学校支援）があります。学校外の機関は、必要に応じて、学校・教員に対して同じ教育関係者として緊密な連携をとってくれますし、児童・生徒および保護者とのトラブルの仲介のために、中立的な対応をしてくれることもあります。

### ●医療・保健領域

精神保健に関する相談や治療を受けることができます。具体的には、心と身体の病気や発達障害の疑いがある場合に当事者本人や家族および関係者が利用できます。

精神科や心療内科がある診療所（クリニック）や総合病院および精神科単科病院では、心身の疾病、神経症、精神疾患、発達障害の相談や治療が受けられます。そして、保健所では心と身体の発達および心の問題や病気の相談、精神保健福祉センターでは心の問題や病気の相談が受けられます。保健所は都道府県、指定都市、中核市、特別区などに、精神保健福祉センターは都道府県（指定都市）に設置されています。

どこに行けばよいかわからない場合には、養護教諭（保健室の先生）や学校医に相談すると紹介してもらえます。

●福祉領域

虐待、障害、経済的困難などの相談、療育、生活支援を受けることができます。

発達障害者支援センターでは、発達障害に関する相談や生活支援を受けることができます。市区町村役所は児童等の福祉の最初の窓口になり、虐待の通告や生活保護への誘導を行います。児童相談所は都道府県と政令市に一ヶ所以上、東京二三区の一部に設置されていて、養護相談（保護者の養育困難や虐待）、障害相談（発達障害や心身障害、その判定）、非行相談（性的逸脱、触法行為など）、育成相談（性格、行動、しつけ、適性、不登校）、その他の相談、虐待の一時保護を担当しています。児童自立支援施設では、不良行為や生活の乱れに、入所や通所による指導が受けられます。児童養護施設では、様々な事情により家族による養育が困難な児童に、家庭に代わる生活の場を提供します。児童心理治療施設では、軽度の情緒障害がある児童への入所や通所による指導を行います。児童家庭支援センターでは、児童や家庭の福祉に関する相談が受けられます。福祉事務所では、生活保護や児童の福祉に関する相談が受けられます。さらに、地域には民生委員、児童委員、主任児童委員がいて、地域住民の支援や指導を行います。

●司法・矯正領域

非行など反社会的な行動について、加害者の社会的処遇の決定に関わったり、被害者および加害者とその家族などからの相談を受けたりします。

警察では、非行少年の補導や検挙、被害者支援、少年サポートセンター（都道府県警本部にある）

では非行少年、その家庭についての相談、被害者支援を行います。

家庭裁判所では、非行少年の調査や審判、親権や養育に関する家事調停や審判を行います。

法務省では次のような支援が行われます。まず、少年鑑別所（法務少年支援センター）では、観護措置決定を受けた少年の収容、資質鑑別、一般的な非行やしつけなどの相談を受けます。そして、少年院では少年院送致になった少年を収容し、矯正教育を行います。また、人権擁護局や法務局・地方法務局では、人権相談としていじめ、虐待、ハラスメント、家庭内暴力などに対応しています。

### ●産業領域

働く人たちの精神的健康を維持・促進することを支援します。対象となる問題は、職場不適応、過重労働、ハラスメント、うつ、就労・自立支援が考えられます。また、医療領域での支援で状態が改善した人の復職支援も重要な活動になります。職場内外に設置された相談室で心理面接を行う活動と、組織に関わって働きやすい環境を作ることをめざす活動が考えられます。最近は、企業に心理相談のスタッフを派遣するサービスも見られます。

### ●私設相談（開業）領域

自らのオフィスや面接室を用意して、個人や組織と契約をして支援をしていく私設の相談室（カウンセリングルーム）など、民間による相談機関があります。

他に、心理学専攻の教員の相談活動や大学院生の実習を行う大学附属の心理相談所、民間の電話相談、不登校の児童生徒が通うフリースクールがあります。

## 2　臨床心理学の支援内容

臨床心理学による支援には、アセスメントと心理療法があります。

### ●アセスメント

相談に来た人の問題を解決するために、「誰が」「何に」「いつ」「どこで」「どのように」困っているかということを、明確にしなければなりません。そのために、支援に必要な情報を集め、問題の理解を進め、支援の内容・方法の決定につなげることをアセスメントといいます。

情報を集める方法としては、面接法、観察法、検査法があります。

#### ①面接法

面接法とは、来談者と対面して話し合い、話の内容や面接時の様子を観察することで支援に必要な情報を得ようとする方法です。対話をとおして必要な情報を探ったり、掘り進めたりすることができます。得られる情報には、話の内容だけではなく、様々な非言語的メッセージも含まれます。

クライエントの訴えを聴き、意図をくみ取り、問題点を把握することをめざします。ここで、クライエント自身が語った問題や困っていることを主訴《しゅそ》といいます。まず、主訴を把握することをめざします。主訴以外に、既往歴、体調、感情、生活スタイル、生育歴、来談経緯などを確認します。

②観察法

観察法は、支援対象のありのままの行動を観察、記録、分析します。支援の対象となる人の日常生活の場に出かけて観察する方法（例：学校を訪問して、授業や休み時間の行動の様子を観察する）や、観察用の部屋に入ってもらって行動を観察する方法（例：保護者や心理士と遊ぶ様子を観察する）などがあります。対象となる人の言動を観察して、その人の特徴を示す情報を収集することができます。

観察法は、対象者を拘束したり制約したりするものが少なく、日常生活の自然な行動を把握しやすい方法です。また、面接法や検査法と違い、対象者の発言だけではなく行動も対象とするため、言語の理解や表現が十分ではない乳幼児や障害がある人にでも実施できるという利点があります。

③検査法

検査法とは、あらかじめ用意された課題を与えて、それをどのくらい遂行できたかという結果から、支援に必要な情報を得ようとする方法です。検査で調べようとする内容が決まっており、知能検査やパーソナリティ検査などがあります。知能検査は、知的機能を測定し、知能指数（ＩＱ）を算出するものです。パーソナリティ検査は、個人の性格特性、欲求、興味、態度、情緒、社会的適応などを多面的に測定するものです。

●心理療法

アセスメントの結果をもとに、第17章で紹介されている支援を行います。

なお、自分のところで支援ができなければ、抱え込まずに他の支援機関を紹介することも重要な支援方法になります。

## 3　面接の枠組み

心理職を訪れて、継続的に支援を受ける場合、おおむね次のことにあらかじめ同意したうえで契約が結ばれます。

①継続面接を担当するセラピストは、一度決めたら原則として変わらない。
②面接の頻度や時間は一定の間隔や長さで行う。
③特殊な事情がなければ、あらかじめ決められた面接場所でのみ対応する。
④原則として、約束した日時以外に飛び込みで会ったり、電話等で対応したりはしない。
⑤原則として、クライエントとセラピストのみで会い、お互いの同意がなく他の人が加わることはない。

以上のような取り決めを治療枠といいます。治療枠は、クライエントとセラピストの双方が、無用の気づかいや不安をもたずに安心して話ができるようにする工夫とされています。

以下、面接担当者、面接の時間や頻度、面接場所、面接の形態について説明します。

●面接担当者

相談機関の規模や人員、所属するセラピストの専門性や技量などで、インテーク面接、心理検査、心理療法の担当者が異なる場合があります。しかし、継続面接は原則として毎回同じセラピストが担当します。そして、やりとりの中で起きる心の動きや現実世界の変化などを経て、関係を作り上げていきます。

●面接の時間

面接の時間は、毎回一定の長さで行われます。一般的には、四〇～五〇分程度が多いようですが、引き受けなければいけない件数などの都合で、三〇分以下の短い面接が設定されることもあります。また、インテーク面接は、クライエントに関する情報を集めて、アセスメントを行い、支援が可能か否かを吟味する時間が必要であるため、一時間以上の面接時間をとります。

面接の時間で大切なことは、あらかじめ決められた時刻に開始して、決められた時刻に終了することです。仮にクライエントが遅刻してきてもその分の時間を補填《ほてん》はしませんし、もっと話したいことがあると望んでも時間の延長はしません。少し冷たいように感じるかもしれませんが、始まりと終わりの時刻が明確であることで、お互いに安心して面接に臨むことができると考えます。

●面接の頻度

面接の頻度は、一律に決まっているわけではなく、心理療法の種類、クライエントおよびセラピスト・相談機関の事情によって異なります。日本では、週一回行うことが基本ですが、週二回、二週に一回などの頻度で行うこともあります（例えば、相談希望者が多すぎて、週一回の約束ができないため、やむをえず二週に一回にすることもあります）。

さらに、心理療法が終結に向かう際（フォローアップに移行する段階）には、二週に一回とか月に一回と面接の間隔を長くしていくこともあります。

●面接場所

面接を行う場所は、それぞれの相談機関に用意されている面接室やプレイルームになります。面接室は、多くの場合、椅子とテーブルだけのシンプルなつくりになっています。クライエントが子どもの場合は、プレイルームとよばれる多数の遊具が置かれた部屋が用意できれば、そこで遊戯療法（プレイセラピー）が行われることがあります。

●面接の形態

面接は支援の対象となる人とだけではなく、その人の家族などとも行う場合があります。また、複数のクライエントと同時に会う場合、面接室以外で会う場合等も考えられます。

以下で、面接の形態を紹介します。

①並行面接

支援を必要とする本人と心理面接を行いながら、同時にその人に関わる重要な人物（例：保護者）

との面接を行う方法です。子どもと保護者の面接を、同時間帯に別々の部屋でそれぞれの担当のセラピストが行います。

保護者に働きかけることで、子どもにとっての環境要因である保護者の関わり方などを変容させて、子どもにとってよりよい環境づくりをすることをめざします。また、別々のセラピストと部屋を用意することで、親子といえどもそれぞれ独立した個人であることを尊重し、お互いに聞かせたくない話があるかもしれないことに配慮します。

②合同面接

支援を必要とする人と本人に関わる重要な人（例：家族やパートナー）が同席して行う面接です。同じセラピストが、複数人と同時に会って面接を進めていきます。

③集団面接

セラピストがファシリテーター（促進者や世話人という意味）を務めて、複数のクライエントが集まったグループに支援を行う方法です。

具体的には、参加者それぞれが自分の問題を話して、他の参加者からフィードバックを受ける体験を繰り返します。セラピストは進行役になって、参加者たちが積極的に自分の問題を話せるように、安全な環境づくりをサポートします。そのうえで、参加者が仲間の助けを得ながら自己開示し、自己や他者の課題に取り組み、個人としてグループとして成長していくことをめざします。

④訪問面接

クライエントが何らかの理由で相談機関を訪れることができない場合は、セラピストがクライエントのいる場所を訪問して面接を行います。例えば、不登校の児童・生徒の自宅に教員やスクールカウンセラーが訪れるケースが考えられます。

⑤対面しない面接

直接会わずに面接を行う方法として、例えば、電話による相談、電子メールやインターネットのウェブサイトでの相談、ラインなどのSNSを用いた相談が行われています。

注1　文部科学省（二〇一一）生徒指導提要　教育図書
注2　橋本和幸（二〇一九）専門職のための臨床心理学基礎〈第2版〉　ムイスリ出版
注3　橋本和幸（二〇一四）心理学ことはじめ　ムイスリ出版
注4　公益財団法人日本臨床心理士資格認定協会　臨床心理士の職域　http://fjcbcp.or.jp/rinshou/shokuiki/（二〇一九年一〇月一二日閲覧）

# 第19章 教養が育む心の充足

●小沢一仁

## 1　大人として社会の中で生きるために青年期に何を学ぶか

### ●学校教育から生涯教育・生涯学習への転換

子どもと大人の境目である青年期においては、心理社会的猶予期間（モラトリアム）としての学校生活から社会生活へと状況が変化していきます。中学・高校・専門学校・短大・大学・大学院のいずれに在籍していたとしても、教育を受ける期間が終われば社会に出ていきます。教育という点からみれば、青年期は学校教育から生涯教育[注1]・生涯学習への転換期といえます。社会に出た後は、そのときどきの必要性や興味・関心にしたがってすべて自分で選んで学んでいくことになります。

### ●実学という教育の目的

日本では「読み・書き・そろばん」という言葉で基本的な教育内容が示されてきました。英語では、読み・書き・計算を表すreading, writing, arithmeticの三語にRがあるので、「スリーアールズ(3R's)」といわれています。つまり、文字を読み書きする能力や計算する能力を身につけることが、洋の東西を問わず教育において重要なものとされてきました。例えば、啓蒙思想家《けいもうしそうか》で教育者の福沢諭吉《ふくざわゆきち》は、その著書『学問のすゝめ』で、生まれた地位や階級によってではなく、「学問」つまり教育によって、新しい明治という時代に生きる「独立」した人間と、日本という国を作るべきと述べました。[注2] そこでは「実《じつ》なき学問はまず次にし、専《もっぱ》ら勤《つと》むべきは人間普通日用に近き実学《じつがく》なり」と述べ、「学問の要《かなめ》は活用に在るのみ。活用なき学問は無学に等《ひと》し」と述べています。

福沢の掲《かか》げた実学という教育の目的は、現代においても文部科学省の提言において示されています。[注3] この提言では、狩猟《しゅりょう》社会、農耕《のうこう》社会、工業社会、情報社会という四つの社会を経てきたこれからの社会を、情報がさらに重要となるという視点から、「超スマート社会」とよび、人類の技術の発展における第五期という意味で"Society 5.0"と名づけています。さらに文部科学省は、この新しい情報社会に対応した人材を育成することの重要性を示しています。このように、いつの時代でも、大人として社会の中で自立して生きるうえで役に立ち、自分にとって必要なものを自分自身で選び取り学んでいくことが、重要なことといえます。

### ●教養というもう一つの教育の目的

実学を身につけ、職業をもち、経済的に自立することは、社会で生きていくうえでは重要なことです。しかし、実学を学ぶだけでは不十分と考えられます。言い換えると、社会の中で役に立つことのみを追求すると、経済的な利益や効率だけを求める人間となってしまう恐れがあります。そして、社会で生きるうえで役に立ったり実用に益《えき》することだけでは満たされない思い、心の飢《う》えのようなものが残ることがあります。それを満たす心の充足を、人によっては趣味から得る場合もありますが、ここでは教養から考えていきます。

一般的に教養とは、学問や芸術に触れることや、それをとおして得た知識や行いを指します。教養の基礎となる古典を扱う学問には、例えば、西洋においては、古代ギリシアや古代ローマの神話や文学、哲学に端《たん》を発する文学・哲学・数学などがあります。これらの古典は、ヨーロッパの中世以降の大学制度の中で、リベラルアーツという用語のもとにまとめられ、現代の教養教育の基礎となりました。また、東洋においては、古代中国の四書五経《ししょごきょう》（「大学《だいがく》」「中庸《ちゅうよう》」「論語《ろんご》」「孟子《もうし》」「易経《えききょう》」「書経《しょきょう》」「詩《し》経《きょう》」「礼記《らいき》」「春秋《しゅんじゅう》」）などが古典としてあげられ、これらに加えて日本においては、「万葉集」や「百人一首」等の和歌や文学が含まれます。そして、芸術には、文学に加えて音楽・美術といったものが含まれます。このような古典や芸術に触れるという教養が、実学ではもたらされることのない心の充足を与えてくれることがあります。

さらに、教養を人間としての成長と捉える見方があります。例えば、社会学者の河合栄治郎《かわいえいじろう》は、第二次世界大戦のさなかに教養とは「人格の陶冶《とうや》」であるという提言を行いました。[注4]河合は、「人格の陶冶」、つまり人間としての成長をめざすことが教養であると定義したのです。そして、「教養とは有《ゆう》閑人《かんじん》の安易な閑事業ではない。それこそ雄々《おお》しいが然《しか》し惨《いた》ましい人生の戦いである」と述べていますが、この文章は、時の政府に反対して大学を追われてもなお理想主義的な自説を貫いた、彼自身の姿を示しているといえます。

このように、教養とは、古典や芸術に触れ、人間としての成長をめざすことということができます。また、戦後日本の教育の方針を定めた教育基本法でも、教育の目的は「人格の完成」をめざすことであると述べられています。[注5]

### ●社会の中で大人として生きるうえで重要な実学と教養

こうしてみると、教育の目的の一つである実学は社会の中で役に立つものを身につけることを指し、もう一つの目的である教養は心を充足させ人間として成長することを指すといえます。社会の中で大人として生き生涯学び続けていくうえでは、実学と教養の両面が重要なのです。

これらのことを踏まえると、学校教育において様々な教科を学ぶことは、いずれ学校から社会に出て行くうえでの実学と教養のためのきっかけとなります。特に教師は、自らが教える教科の世界へ児童・生徒・学生を導く架《か》け橋となっているといえます。第2章でみたアイデンティティキャピタルを、実学と教養から考えると、実学とは「有形の資源」を身につける学びであり、教養とは「無形の資源」を身につける学びであるといえます。

## 2　芸術作品との出会いが青年の心にもたらすもの

いつの時代でも、教育において実用・実学はまず第一に重要とされます。「先生！　この教科は何の役に立つのですか?」という質問は、生徒や学生からしばしば発せられるものです。役に立つか立たないか、有用か無用かという実学を重んじる見方は古今東西を問わず大切にされてきました。しかし、先述のように、実学は心を満たすという点では不十分なので、人間は自然に教養を求めるようになります。本節では、教養の中でも芸術に着目して、文学、音楽、美術などの芸術作品との出会いが、青年期における挫折においていかにして心を癒やし、心の充足をもたらすのかを具体例とともに考えていきます。

### ●文学その1――「かがみの孤城」という一冊の本が支えになった鏡子

大学生の鏡子《きょうこ》は、高校時代に学校に行けなくなった時期がありました。鏡子はもともと本好きでしたが、そのときに読んだ辻村深月《つじむらみづき》の「かがみの孤城《こじょう》」注6という小説が大学生になった今でも心に残っています。この本の主人公は中学校に入学しましたが、友人関係のいざこざのため五月から学校に行けなくなってしまいました。主人公の中学入学後の一年間の様子が描かれた話を読んで、鏡子はこれまで自身が感じてきた、先生・友達・親への言葉にならない思いが代弁されているかのように思いました。そして、この物語の主人公から、「学校という枠の中から逃げてもいい」と言ってもらえたように感じ、気持ちが楽になりました。

鏡子は、あるとき偶然に作者の講演を聴く機会がありました。学校に行けなくなったときの自分の思いが描かれている作品を書いた作者に会えるかと思うと、ドキドキしました。その後のサイン会でサインをもらったときに、緊張で声を震わせながら、そして溢《あふ》れる思いで涙が出そうになりながら、作者に「私は学校に行けなくなったときがあって、『かがみの孤城』が支えになりました」とやっとの思いで話しました。作者から「伝えたいことが伝わってよかった」と返事をいただけました。

## ●文学その2――「山月記」の虎になった主人公に自分を見た月子

高校時代に国語の授業で読んだ中島敦《なかじまあつし》の「山月記《さんげつき》」が忘れられないと、月子《つきこ》は言います。「山月記」では、古代中国を舞台として、人から賞賛されるような詩人になると豪語《ごうご》する自意識過剰な若者の物語が展開します。主人公の若者は世間の人に自分が理解されず評価されないことを嘆いているうちに、虎になってしまいました。高校時代の月子の中には、虎になった主人公と重なる思いがありました。自分自身をすごい人間だと思う反面で恥ずかしがり屋で（「尊大な羞恥心」）、いつもビクビクしていながら自信たっぷりな自分（「臆病な自尊心」）を感じていたのです。主人公への共感の気持ちを国語の先生に話したところ、先生は「君が自分を主人公の虎だと思うなら、そのあと虎が人間に戻る話を作ってみたらどうかな？」と言われました。そこで月子は、虎となって崖の上で咆哮《ほうこう》する姿をかつての友人にさらした主人公が、山の中で一匹のウサギを見つけたところから始まる物語を作りました。以下にその物語を紹介します。

虎の自分はおなかがすいていたので、見つけたウサギを丁度いい獲物だと感じました。しかし、なぜか人間の子どもだった頃にもっていたウサギのぬいぐるみを思い出してしまいました。ウサ子と名づけたそのぬいぐるみは、子ども時代の数少ない懐かしい思い出の一つでした。そのためウサギを襲うのを躊躇《ちゅうちょ》してしまいました。その間に、隣の山を縄張りとしている別の虎が自分の縄張りまでやって来て、同じウサギを見つけました。相手の虎はこちらを向いて、「邪魔するな」と目で言っています。いつもは獲物をゆずるのに、そのウサギがウサ子のような気がして、「ガオー」と吠《ほ》えてしまいました。すると、ウサギは逃げてしまい、怒った相手の虎は自分に襲いかかってきました。争いの後で、川辺で傷を洗っているうちに、痛みのあまり気を失ってしまいました。目が覚めると、血を流しながら人間に戻っていました。

この話を作った月子は、自意識過剰で友人とうまく関われないものの、トラブルがあっても人にあたたかい気持ちをもって接していく強さがほしいと感じていました。そして、自分の心の奥底にあるこの思いを表現できたことで、月子は自分の気持ちを確認できた気がしました。二〇歳になった今では、「私はまだ虎ですが、だんだん人間になりつつある気がします」と語っています。

### ●音楽――「シャコンヌ」に、罪を自覚しながらも歩き続ける自分を実感した歩

動物を使って研究をしている歩《あゆむ》は、実験用のマウスに対して複雑な思いを抱えていました。研究のために役に立っているマウスたちですが、罪悪感にも似た複雑な思いがありました。あるとき、クラシックを愛好している友人と音楽の話をする中で歩は、「いい曲があったら紹介してくれないか」と頼んでみました。すると逆に、「どんな音楽が聴きたいのか」と聞かれて、実験で用いるマウスへの思いを話しました。友人は、バッハのバイオリン独奏曲の「シャコンヌ」を教えてくれました。歩は初めはバイオリンを弾く音だけが連《つら》なっている長い曲だなと感じました。しかし、BGM替わりに繰り返し聞いていると、不思議なことに一連のストーリーとして聴こえるようになりました。イントロ

のバイオリンの音は、罪悪感の壁に突き当たった自分の衝撃《しょうげき》のように感じられました。そして、続くメロディは、とぼとぼと山道を進む一歩一歩の歩みのようでした。しかし、その山道を登っていくと、天国にいるような静かな調べが聴こえてきました。その調べにしばらく酔《よ》いしれていると、また地上に戻り歩きはじめていて、曲が終わっていきました。このような空想がわいてくるこの曲が、歩にクラシックとの新たなる出会いを運んできました。実験用マウスへの罪悪感は、今も消えることはありません。「それでも歩き続けている自分を実感できる曲です」と歩はシャコンヌから得られた思いについて語りました。

## ●美術――「受胎告知」で美術の世界に出会い、自分の人生の始まりを感じた初

大学生の初《はじめ》の小学校時代の図工の思い出の一つは、遠足の絵を描いてくる宿題です。日曜日に家で描いていると父親が、「そんなんじゃやだめだ」と言って、勝手に絵の具を付けて描きはじめました。仕方がないので任せて、それを次の日、宿題の作品として提出しました。そのとき、初は何とも恥ずかしい思いがしました。先生は何も言わず、次の図工の授業では全員で、遠足の絵を新しく描き直しました。そんな経験があり、絵を描くことや美術については、中学校に行っても高校に行っても興味はまったくわきませんでしたが、高校の修学旅行で行った倉敷の大原美術館の中で、一人の友達が「初君、絵の見方って知ってる?」と言ってきました。「絵に遠くから歩いて行って、その絵の世界にちょうど入ったと思ったところで立ち止まって、その絵の世界に入っていくんだよ。空いていないとできないけど」とその友達は言いました。当時、初は運動部に入っていてまったく芸術とは無縁で、

「何を言っているんだ」と思いつつも、目の前の絵で試みてみました。すると、まさにその絵の世界の中に入っている自分を感じました。「何だ？　この絵は！」と驚いたその絵の作者はエル・グレコで、タイトルは「受胎告知《じゅたいこくち》」でした。

その後、初は高校を卒業し、大学に進学しました。「受胎告知」に感銘を受けたことをきっかけにして、今でも折に触れてグレコの作品や他の美術作品を見ているといいます。初はなぜ「受胎告知」に魅《ひ》かれたのかについて、「あのときあの絵を見て思ったのは、僕のまだ始まっていない本当の人生がいつか何かのきっかけで始まるかもしれないということです。当時高校生活では、運動部でキャプテンを押しつけられ部員をうまくまとめられず、進路でも迷い、息が詰まる生活を送っていました。でも大学生になって知らないうちに始まっているみたいです」と語っていました。受胎告知という絵画に、切羽《せっぱ》詰まった状況の中で出口を求めて苦悶《くもん》する初の気持ちが触発され、人生の始まりの予感が得られたのかもしれません。

## 3　社会の中で大人として生きるうえでの教養の意味と大人の役割

### ●青年期に古典や芸術に出会う意味

青年期の心理的変化として自我の発見があると、第2章で述べました。そこで経験することは、自分だけの思いがあり、誰も自分の気持ちをわからないという孤独であるといえるでしょう。このような孤独に対して、精神科医のサリバンは、青年期において友人等の他者との間で、「コンセンシュアル・ヴァリデイション」つまり、自分と他者との間で自分のもつ思いを共有しているという確信をもてることの重要性を指摘しています。[注7] この自分の思いが他者と共有されているという確信によって、孤独の中でも生きていく自信が得られるといえるでしょう。

友人などの他者がいない場合でも、芸術作品との出会いは、誰にもわからないと思っていた自分だけの思いがまさに現れていることを実感し、作品をとおして自分の思いを確かめる経験をもたらします。青年期における教養の意味の一つは、現実に生きている他者ではないにもかかわらず、自分だけの思いを古典や芸術作品との間で共有するという経験が、孤独の中で生きるうえでの心の友となるということです。

本章では、芸術作品との出会いの具体例を示しましたが、この作品との共感は芸術だけではなく時代や文化を超えた古典においても生じることがあるでしょう。このような古典や芸術は、生きることの光と影、希望と絶望の両面についての深い理解と感動をもたらす、人類の文化遺産であるといえます。

## ●教養の種となる大人の役割

日本においても恒例《こうれい》になった年末のベートーヴェンの交響曲第九番の鑑賞にみられるように、古典や芸術は、時代や文化を超えて共有でき、心に豊かさを与えてくれます。その反面、他者に自慢するための道具になってしまったり、時代や文化からの超越性をもつがゆえに、プロパガンダとして特定の政治や宗教等のイデオロギーによって利用される危険をはらみます。

大人が紹介した古典や芸術作品は、もちろんすべての児童・生徒・学生たちの心に届くわけではありません。しかし、誰か一人には届く可能性があります。今はわからなくてもいつか成長してから気づくこともあります。親・教師・支援者等が、青年に接する様々な立場で、古典や音楽、本、絵画等々の芸術作品を紹介することが、青年である彼らにとってヒントとなるかもしれません。そして、そのヒントをもとに青年自身が生涯学び続け、社会に出て大人として生きるうえでの支えとなり、人生を豊かにする、この一冊、この一曲、この一枚の絵と出会えることを願っています。

---

注1　P・ラングラン（著）波多野完治（訳）（一九九〇）生涯教育入門　第一部・第二部　全日本社会教育連合会

注2　福沢諭吉（著）（一九七八）学問のすゝめ　岩波書店

注3　文部科学省（二〇一八）Society 5.0に向けた人材育成――社会が変わる、学びが変わる　http://www.mext.go.jp/component/a_menu/other/detail/__icsFiles/afieldfile/2018/06/06/1405844_002.pdf（二〇一九年八月二日閲覧）

注4　河合栄治郎（著）（一九六九）学生に与う　社会思想社

注5　文部科学省　教育基本法　http://www.mext.go.jp/b_menu/houan/an/06042712/003.htm（二〇一九年八月二日閲覧）

注6　辻村深月（著）（二〇一七）かがみの孤城　ポプラ社

注7　H・S・サリヴァン（著）中井久夫・山口隆（訳）（一九七六）現代精神医学の概念　みすず書房

# 第20章 まとめ――青年の挫折と支援のあり方

●高木秀明

青年は子どもから大人へと移行する発達段階にいます。第1章で述べた課題や危機に取り組みながら発達していきますが、その発達は必ずしも順調に進むわけではありません。身体や心の成長・変化、小学校から中学校への進学、中学校から高校への進学、高校から大学・専門学校への進学や就職など、自分を取り巻く内外の変化に揺さぶられながら、少しずつ発達していきます。その揺れが大きくなると倒れたり転んだりしてしまい、挫折を味わうこともあります。

青年と児童の違いの一つは自我の発達です。自我の発達が顕著になりはじめる青年期においては、自主性が高まり、自己主張が強くなります。自分のことや自分の問題は親に頼らず自分で決めたい、という気持ちが強くなります。そのうえ、親から小言《こごと》をもらったり、親と口げんかしたりしたときには、自分で決めたいという気持ちだけでなく、親の意見やアドバイスは聞きたくもないし、従いたくもないという反発心や反抗心が強くなります。したがって、子どもがそのような状態になっているときには、親が教えたり諭《さと》したりしようとしても効果はなく、むしろ逆効果になることもあります。親はそのことをよく理解しておくことが必要です。

親の言うことに素直に従っていた子が素直でなくなり、反発・反抗するようになったら、強引に力尽くで指導しようとしても事態を悪くするだけです。自分で決めたいという気持ちや反発する気持ちの存在を無視したり否定したりせず、しっかりと受け止めることが大切です。そのうえで、しばらく黙って子どもを見守るほうがよいのか、子どもの側に聞く耳や従う気持ちをもたせるようにしたほうがよいのか、専門家や専門機関に相談したほうがよいのかを考えなければなりません。ただし、子どもの側に聞く耳や従う気持ちをもたせるためには、親子の間の信頼関係が必要です。信頼関係が弱かったり、壊れたりしているならば、信頼関係の強化や修復をまず始めなければなりません。

青年の自我や自主性は発達しますが、まだ大人にはなっていません。社会経験も少なく、未熟なところがたくさんあります。不十分な知識や少ない経験ではいろいろな問題にどう対処してよいかがわからず困ってしまいます。そのときに親や教師などの大人に助けを求めることができればよいのですが、大人には頼りたくないという気持ちのほうが強ければ助けを求めません。そして、ずるずると時間が過ぎて問題が大きくなったり、自分の判断で対処して問題の解決に失敗してしまったりします。友達や仲間に相談できる問題であれば相談する場合もありますが、それでうまく解決するとは限りません。問題が友達や仲間との間のトラブルやいじめであれば、誰にも相談することができなくなります。

いじめは大きな挫折の原因になります。国立教育政策研究所の調査によると、小学校四年生から中学校三年生までの六年間で、「仲間はずれにされたり、無視されたり、陰で悪口を言われたりした」ことがなかった生徒は九・六%、「仲間はずれにしたり、無視したり、陰で悪口を言ったりした」ことがなかった生徒も九・六%でした。[注1] つまり、九割の生徒は小学校四年生から中学校三年生までの六年間で、「仲間はずれ・無視・陰口」をされたり、したりした経験があるのです。いじめは不登校や非行、自殺にもつながることのある大きい問題です。いじめられた恨みを自分よりも弱い子をいじめることによって晴らそうとする場合もあります。そうなると弱い子はますます窮地《きゅうち》に追い込まれることになります。

いじめを親や教師に相談しても簡単に解決できるわけではありません。謝罪の場を設けてお詫《わ》びをさせ、「もういじめはしません」と約束させても、いじめが巧妙《こうみょう》になるだけのこともあります。また、いじめという挫折を乗り越えるためには、いじめられなくなることだけでなく、心の傷の癒やしやプライドの回復が必要です。それには十年単位の長い時間がかかる場合もあり、共感し支えてくれる理解者や味方がいないとできません。乗り越えられないで一生を終えることもあるかもしれません。しかしそれでも、乗り越える努力を続け、少しでも回復・改善していくことに大きな意味があります。

成績や進学も青年にとって重要な問題であり、大きな挫折の原因になります。アメリカの心理学者マズローは人間の欲求を五段階に分けた階層説を提唱していますが、その中で上から二番目の欲求として「尊重の欲求」(高い目標を達成して周りから賞賛・尊敬され、自信や自尊心を高めたいという欲求)をあげています。[注2] よい成績をとり、偏差値の高い高校や大学に進学することは、中学生や高校生にとって親や教師からほめられ、自己評価が上がり、尊重の欲求が満たされることになります。しかし、よい成績をとって、偏差値の高い高校や大学に進学できる人は限られていますから、望みがかなわず挫折する人が大勢います。

成績は能力と努力によって決まるので、成績を上げるためには能力を高め、努力を続けることが必要です。能力には努力によって高められる部分と、努力しても高めにくい部分とがあります。したがって、成績を上げるには努力を続けることが重要です。そして、どうしても努力で変えられないところがあれば、そこが限界です。限界がみえたときには、それを受容できるか否かが問題になりますが、現実的には受容せざるをえません。受容したうえで進路を考えるのが賢明《けんめい》です。

マズローの欲求の階層説の一番上の欲求は「自己実現の欲求」です。これは、自分の可能性を十分に発揮《はっき》して、創造的で役に立つ生活を送りたいという欲求です。二番目の欲求は前述の「尊重の欲求」です。三番目の欲求は「愛と所属の欲求」で、友達や恋人、家族と親密な関係を作り、自分の所属するグループを大切にしたいという欲求です。四番目の欲求は「安全の欲求」で、生命や身体、仕事、財産、家族、等の安全が守られることを望む欲求です。五番目の欲求は「生理的欲求」で、食物摂取、水分摂取、排泄、睡眠、休養、体温調整、等の欲求です。青年が挫折しやすいのは、二番目の尊重の欲求と三番目の愛と所属の欲求といえるでしょう。一番目の自己実現の欲求は、愛と所属の欲求や尊重の欲求が満たされないと動きはじめません。

青年にとっては、友達や家族などとの人間関係と勉学（またはスポーツや芸術活動などの打ち込んでいるもの）とが生活の中で重要な位置を占《し》めています。この二つが順調に進んでいれば、楽しく充実した生活が送れます。しかし、友達と不和が生じたり、いじめられたりすると、居場所を失います。それに代わる居場所が見つからないと、挫折することになるかもしれません。そして、その結果として不登校になってしまうと、勉学に遅れが生じます。こうして問題が大きくなっていくと、人生行路《じんせいこうろ》が大きく狂ってしまうかもしれません。でも、ただ嘆いていても事態は改善されません。

本章の冒頭で述べたように、青年期は揺れやすい時期です。その揺れの中でがんばることができれば、鍛《きた》えられたり学んだりすることがあり、少しずつ強く賢くなっていきます。しかし、がんばりきれなかったり、揺れが大きかったりすると、倒れて挫折することもあります。そのときには助け起こしてくれる人を必要とするかもしれません。支援者は青年のプライドや人格を尊重し、未熟なところも理解したうえで、愛情と共感をもって青年の気持ちに心を配りつつ寄り添い、必要ならば温かい支援の手を差し伸べることができるとよいでしょう。

---

注1　国立教育政策研究所生徒指導・進路指導研究センター（編）（二〇一六）いじめ追跡調査二〇一三-二〇一五――いじめQ&A　https://www.nier.go.jp/shido/shienshiryou/index.html（二〇一九年九月二日閲覧）

注2　A・H・マズロー（著）小口忠彦（訳）（一九八七）人間性の心理学――モチベーションとパーソナリティ　改訂新版　産業能率大学出版部

# おわりに

二〇一七年の秋に、わが恩師・高木秀明先生にお目にかかったことが、本づくりのそもそものきっかけでした。高木先生は横浜国立大学教育学部・教育人間科学部に、青年心理学や臨床心理学を専門とする専任教員として三五年勤務された後に、同大学の名誉教授となられました。また、日本青年心理学会の常任理事や神奈川県臨床心理士会の会長を長く務められ、なおも心理学の発展に尽力しておられます。高木先生の手厚い指導を受けたゼミ生達は、大学卒業後・大学院修了後には教育、心理臨床、福祉、保健・医療、司法・犯罪などの領域の専門家となって全国に散らばっています。けれども、ゼミの強い結束力が失われることはなく、還暦や退官などの高木先生の人生の節目に集まって楽しい時間を過ごしています。

しかし、高木先生を監修者として、ゼミの卒業生・修了生が主体となって企画した本はなぜかこれまで一冊もありませんでした。もちろん高木先生はたくさんの本を執筆しておられますが、ゼミ生だけでまとめた本はなかったのです。二年前の高木先生との会話の中でこのことを再確認した筆者は、その場で「高木ゼミの本」を出すことを提案してご了解を頂き、早速本を企画するための編者チームを結成しました。東京工芸大学の小沢一仁さんと了徳寺大学の橋本和幸さんに声をかけたのです。

編者チームの会議では、ゼミ生が高木先生から学んだことは何か、についてざっくばらんに意見交換を行った結果、挫折を取り上げることに決まりました。高木先生から受けた教えはたくさんありますが、最も大きな教えの一つに、「挫折しても続けよう!」という人生への前向きな姿勢があります。高木先生は優秀な学者であると同時に人望の厚い教師でもありますが、まったく挫折することなく順風満帆な人生を送ってきたわけではないと拝察します。かれこれ四〇年近くにもなる師弟関係をとおして筆者は、高木先生が大きな困難に直面したときに、声高に不平不満を言ったり感情を荒立てたりすることなく、黙々と努力を続ける姿を見てきました。そして好日・悪日にかかわらず、目標を一心に見据えて継続することの重要性を学びました。他の編者も筆者と同じように考えていました。

また、生涯発達の過程において、人間は挫折と回復、そして新たなる挑戦を繰り返しつつ生きています。挫折は重苦しい体験ですが、それを乗り越える心の作業をとおして人間は、より自分らしい人生を送るために必要な知恵と感性を獲得します。これらの事柄を踏まえて編者チームは、「挫折と立ち直り・回復・変容」をキーワードとした本を執筆することの意義深さを感じました。それに加えて、編者三人に共通していたのは、挫折からの立ち直りの方法について教える「ハウツー(how-to)本」を企画するのではなく、学問的な視点と実践的な視点の両方から、挫折と向き合い受容することや、挫折を乗り越え変容することの意味について多面的に捉える内容としたい、という想いでした。

その後、高木先生のもとに参集し編集会議を行って本の骨子がまとまると、出版社との交渉が始まりました。高木先生は、福村出版の宮下基幸社長に話をとおしてくださいました。そして二〇一八年の秋に、宮下社長との複数回の打ち合わせが行われました。

真剣な打ち合わせをとおして本のテーマは「青年期の挫折とその支援方法」に絞られ、筆者が見本として「第5章　恋愛関係における挫折と変容」の原稿を書くことになりました。宮下社長からは以下のようなご要望がありました。①読者が共感して読み進めることのできる事例の書き方を工夫すること、②挫折をテーマとしているけれどもバッドエンドにするのではなく、挫折を乗り越える心の作業の終結地点について示すこと、③心理学の専門用語を多用して書くのではなく、わかりやすく記すこと、④心理学の視点から、青年やその身近な支援者のヒントとなるような内容を記すこと。これらの助言は出版のプロでなければできない貴重な内容でした。

しかし、筆者は執筆に着手してすぐに、このような要件を満たすことの難しさに直面しました。最初は心理学の事例研究の方法に基づいて、現実の事例を正確に記述し研究的な見地から解説を行いました。けれども、ある個人の事例に特化して記すと、読者が「自分にも同じような体験があった」「引き込まれて読んだ」と深く共感するような象徴的な内容が反映されない可能性があることに気づいたのです。ついつい専門用語を使いたくなる傾向があることも自覚しました。

本づくりの挫折に向き合い試行錯誤を繰り返すうちに、筆者はこれまでの教育・心理臨床の経験をもとに、青年期に普遍的な事例を創作することを思いつきました。そして恋愛に挫折した青年を主人公としてその心情に焦点を当てつつ、挫折までの過程、挫折したときの状況、挫折からの立ち直りの過程について時系列的に書きました。さらに、心理学の知見を基盤としながらも専門用語をわかりやすい言葉に置き換える作業を積み重ね、青年やその身近な支援者が何を知りたいかを念頭に置いて考察を記しました。睡眠時間を削って錬成した原稿を提出し、宮下社長に「章の構成・筋立てについて気に入った」と言って頂いたときには、小さな挫折を乗り越えた解放感を味わいました。

このような経緯から、本書の中で登場人物に名前がついている事例は、各章の執筆者が教育、心理臨床、福祉、保健・医療、司法・犯罪などの領域で培った体験をもとにして創作した架空事例となっています。具体的には、将太（第3章）、友子・愛子（第4章）、恋子（第5章）、直子（第6章）、絵里・梨香（第7章）、真子（第8章）、久美子（第9章）、周（第10章）、晴男・晴子・晴海（第11章）、翔悟（第13章）、有希人（第14章）、望実（第15章）、統太（第16章）、鏡子・月子・歩・初（第19章）、一花・双葉・三鈴（コラム1）の事例が該当します。本物の事例ではないのか、とがっかりする読者もおられるかもしれません。しかし先に述べたとおりに、創作事例であるからこそ個別の事例展開に縛られず、各章のテーマに即した象徴的な内容が示されているのです。

さらに、二〇一九年の夏からは福村出版の佐藤珠鶴さんが編集者となられ、本づくりは最終段階に入りました。校了を目前にして筆者は、多忙な中で執筆し締切を守って原稿を提出してくれた執筆者に、最大限の感謝を伝えたいと思っています。

自画自賛になるかもしれませんが、青年期の挫折と立ち直りや変容の過程に真正面から取り組んだ本は少ないと思います。本書が、困難な時代を生きる青年期の人達とその身近な支援者にとって、心の癒しや問題解決の手がかりとなるならば僥倖に存じます。末筆ながら、本書に関わってくださったすべての方々に心からの御礼を申し上げます。

二〇一九年一一月

安藤嘉奈子

**大森哲至**（おおもり　てつし）
帝京大学講師。博士（経営学）。
＊第 12 章

**中村千尋**（なかむら　ちひろ）
医療法人新心会しばた心と体クリニック。修士（教育学）。公認心理師、臨床心理士。
＊第 13 章

**土屋真弓**（つちや　まゆみ）
横浜市立市民病院神経精神科。修士（教育学）。公認心理師、臨床心理士。
＊第 14 章

**齋藤由布**（さいとう　ゆう）
特定医療法人南山会峡西病院。修士（教育学）。公認心理師、臨床心理士。
＊第 16 章

**松本京介**（まつもと　きょうすけ）
新潟医療福祉大学准教授。博士（教育学）。公認心理師、臨床心理士。
＊コラム 1

**馬場健彦**（ばば　たけひこ）
集団力学研究所主任研究員。博士（人間環境学）。
＊コラム 2

【執筆者】★執筆順

**小川　基**（おがわ　もとい）
相州病院、かながわ臨床心理オフィス。修士（教育学）。公認心理師、臨床心理士。
＊第3章

**内田洋子**（うちだ　ようこ）
そらうみクリニック。博士（教育学）。精神保健福祉士。
＊第4章

**桂　瑠以**（かつら　るい）
川村学園女子大学准教授。博士（人文科学）。
＊第6章

**谷口　順**（たにぐち　じゅん）
松田町健康福祉センター。修士（教育学）。公認心理師、臨床心理士。
＊第7章

**伊藤　愛**（いとう　めぐみ）
足立区こども支援センターげんき教育相談課西新井教育相談係。修士（教育学）。公認心理師、臨床心理士。
＊第9章

**中野智之**（なかの　ともゆき）
広島保護観察所統括保護観察官。修士（教育学）。公認心理師。
＊第10章

**玉置隆久**（たまき　たかひさ）
府中刑務所調査専門官。修士（教育学）。臨床心理士。
＊第11章

## **執筆者一覧**（＊は執筆担当箇所）

**【監修者】**

**高木秀明**（たかぎ　ひであき）
筑波大学大学院博士課程心理学専攻単位取得満期退学。横浜国立大学名誉教授、神奈川県公立小・中学校スクールカウンセラー。修士（文学)。公認心理師、臨床心理士、学校心理士、臨床発達心理士。
＊はじめに、第1章、第20章

**【編者】**

**安藤嘉奈子**（あんどう　かなこ）
共立女子大学教授。博士（教育学)。公認心理師、臨床心理士。日本心理劇学会理事、神奈川県臨床心理士会理事。平塚市立神田小学校教諭、平塚市教育研究所主事（教育相談担当)、関東学院大学非常勤カウンセラーなどを務めた後に、共立女子大学専任講師。同大学准教授を経て2016年4月より現職。
＊第5章、第15章、第17章、おわりに

**小沢一仁**（おざわ　かずひと）
東京工芸大学准教授。修士（教育学)。帝京学園短期大学保育科専任講師を経て、東京工芸大学。教職課程で教員養成に関わる。研究テーマは、エリクソンのアイデンティティ概念を自己理解に寄与するために捉え直すこと、心理学への現象学的方法の適用の試み、大学における教養教育のあり方の検討など。
＊第2章、第19章

**橋本和幸**（はしもと　かずゆき）
了德寺大学准教授。博士（教育学)。公認心理師、臨床心理士。スクールカウンセラーや教育相談員を経て現職。学生相談担当を併任。
＊第8章、第18章

# 挫折と向き合う心理学
## ――青年期の挫折を乗り越えるための心の作業とその支援


2020年 1月10日　初版第1刷発行
2021年 4月30日　　第2刷発行

監修者　高 木 秀 明
編　者　安藤嘉奈子
　　　　小 沢 一 仁
　　　　橋 本 和 幸
発行者　宮 下 基 幸
発行所　福村出版株式会社


〒113-0034　東京都文京区湯島2-14-11
電話　03-5812-9702　FAX　03-5812-9705
https://www.fukumura.co.jp


印　刷　株式会社文化カラー印刷
製　本　協栄製本株式会社




ISBN978-4-571-23061-5　C3011　Printed in Japan